エドガー・ケイシーが示す

愛と結婚の法則

MARRIAGE AND THE HOME
by Rachel Runnels

レイチェル・ランネルズ◎著
光田 秀◎訳

たま出版

読者のみなさまへ

「結婚と家庭」という人生全般にかかわるテーマについてエドガー・ケイシーのリーディングを選び出し、それを本書のサイズにまとめるのはなかなか骨の折れる仕事でしたが、リーディングの選別にあたっては、家庭と結婚に関するリーディングの見解をできるだけ忠実に反映するよう心がけました。

本書は、考察のもとになるリーディングを示し、それにコメントや解釈を加えるというスタイルになっています。

いくつかの例では、同じタイプの問題に対してリーディングが高い視点から多彩なアドバイスを与えている様子を伝えるよう工夫してみましたが、そのほかの例では、典型的な見解を示している代表的なリーディングを引用するようにしました。

また、意味をはっきりさせるために、リーディングの一部を省略したものもあります。そういう場合は、省略記号（…）を付けて省略箇所を明らかにしました。できるだけ段落全体を引用して内容の流れを損なわないように努めましたが、結婚と家庭についての大切な考え方を要約していると思われる場合には、その一部だけを取り出したケースもあります。

本書は、グロリア・グッドマン女史が「結婚前の準備」という小冊子のために作成したメモ書きと構想がもとになっています。彼女の仕事がなければ、本書が著されることはなかったでしょう。リーディングに関する彼女の研究と私の研究が出会うことで、この本が出来上がったのです。

どんな人でも何らかの家庭生活を営むわけですから、ケイシーのリーディングが示す結婚観や家庭観は誰もが興味をそそられるに違いありません。結婚、家庭、セックス、親になること、独身者へのアドバイスといったテーマを順に取り上げてまいります。もちろんこのような幅広い分野を、わずかな紙数で網羅することは不可能です。本書の各テーマについてもっと掘り下げたい方は、米国エドガー・ケイシー財団（ARE）から提供される資料を利用して、興味あるテーマを探究されるとよいでしょう。

最後に、基になる研究を準備してくれたグロリア・グッドマン女史に、そして本書を作成するにあたりさまざまな形で貢献してくれた方々に心より感謝いたします。

レイチェル・ランネルズ

推薦のことば

「人々を助けたい」というケイシーの熱烈な願いは、その献身的な生き方によって現実のものとなりました。しかも人々に対するケイシーの奉仕は、彼の死を越えて継続されています。

大勢の人々が今なお、あらゆる種類の悩みに対する答を求めてリーディングの研究に訪れ、その数はむしろ増加の一途にあります。最近は結婚制度そのものが疑問視される風潮にありますが、その一方で、リーディングの英知の中に「結婚と家庭」についての指針を見出そうとする関心が急速な高まりを見せています。

若い妻であり、また多忙な母でもあった著者は、そのようなリーディングの抜粋集を求めていた一人でした。このテーマについて一冊の本にまとめる必要があると考えた彼女は、何百件ものリーディングを丹念に調べ、そこから最もふさわしいリーディングを選び出し、整理し、それらに註釈を施しました。本書はその研究成果であり、本書を読まれれば、ケイシーが家庭と結婚に関してどのように述べていたかがわかります。

ケイシーのもとには、ごく普通の生活を送っている人々のありふれた悩みから特殊な問題まで、あらゆる種類の問題が寄せられました。そのため、「結婚と家庭」というテーマがリーディングというケイシーの遺産に現れるのは当然といえます。

離婚問題などを含め、このテーマはケイシー存命中においても人々の抱える問題の筆頭株でした。統計によれば、今日、結婚するカップルの三組に一組が、ほぼ十年で離婚しています。そして離婚した人達の多くは再婚し、そしてまた離婚するというパターンを繰り返し、結局、米国の離婚率を四一パーセントという驚くべきパーセンテージに引き上げる要因になっています。

一九七〇年代に、昔ながらの道徳律の多くが破棄され、中絶が合法化されたことで、人間の性的側面が一層強調されるようになりました。他の要因としては（こちらの方がより根本的かもしれませんが）、男女固有の基準が徐々に取り払われ、社会的に自由に発言し、活躍する女性の数が増えてきたことが挙げられます。これらの点は、離婚問題が論じられるところでは必ず取り上げられますが、歪められて論じられることも多々あります。

多くの人々は、家庭と家族に関する諸問題を理知的に扱うことに大きな関心を持っています。このことは、毎回この種のテーマを特集している人気女性誌を見ればよくわかります。宗教家や精神科医、心理学者、結婚カウンセラーといった肩書きの人達が執筆しているこれらの記事は、問題を現実的に認識することから始まり、常識的な解決方法を示し、最後に、そのアドバイスに従えば結婚と家庭生活は安定するだろうという希望的観測で締めくくるというお決まりのパターンに収まっています。もちろん希望的といっても、社会統計にすぐに反映するような希望ではありませんが。

専門家は、結婚の失敗は、たいていの場合、結婚への誤った期待、現実認識の甘さの結果であると分析します。さらに、問題を生み出すのは結婚そのものではなく、お互いが自分で問題を作り、それを夫婦生活に持ち込んでいる点にあるのだといいます。どのカウンセラーも、夫婦がそれぞれ問題の原因を相手に押し付けることをやめ、自分を正直に見直すときにのみ、解決に向かって踏み出せるのだと一致して主張します。ケイシー・リーディングの哲学をよく知る人達は、ここに聞き慣れたテーマがあるのに気付き、おそらく次の結論に同意することでしょう。

つまり、私たちは子供の頃から「協調」と「競争」という相反する原理のもとで育てられて来ましたが、こと結婚生活においては「協調」がすべてであると。専門家の意見は本や雑誌や新聞で読むことが出来ます。彼らの助言の多くには有益な知恵が込められていることも事実です。

しかしながら、ここに提供されたアドバイスは、人間としてのケイシーの意識をはるかに超えた次元からもたらされた驚くべき視点と英知によるものであり、ここにこそ本書の価値があるのです。

バイオレット・M・シェリー

目次 ——エドガー・ケイシーが示す愛と結婚の法則

4章　子供を育てる

5章　独身者へのアドバイス

訳者あとがき

1章　二人を結びつけるもの

――支え合うとはどういうことですか

この人は、［イエスが］水をぶどう酒に変えられた、あの結婚式の花嫁だ……。

心と体の合一を意味する結婚式が、この人にとって特別に大きな意味を持つのはこのためだ。

それでいて［結婚について］考えると、あれこれ迷いが生じてしまう。

心の奥でよく理解しなさい。心と体が惹かれ合うとき、これは無目的なことではない。神の栄光が現されんがための、目的に溢れた経験なのである。結婚は恵みに満ちた機会である……。


(2946―3)

ケイシーのリーディングがいろいろな形で繰り返し語っているように、結婚は、魂の地上での経験を広げる機会をもたらします。

心と体を本当の意味で一つにすることができたなら、そこには神の栄光が現れます。結婚とは、「水」に象徴される日常的な経験を、キリストの御霊の働きによって「ぶどう酒」に象徴される霊的成長に変えていく「器」になります。

結婚は、私たちの人生にとって正当な経験なのです。

問1　私達がしているような結婚は、必要で望ましいものでしょうか。

答1　もちろん！　(826―6)

主は結婚を神聖なものとされたことを覚えておきなさい。主はあなたの動機を問われることもされなかった。あなたが主を求めるならば、必ずや主が導き、道を示してくださる。

(1436―2)

西洋の恋愛小説では、恋人たちが結ばれていく様子がことさら強調して描かれます。当然のことながら、そこに描かれるのは、互いに相手を満足させ合う二人の姿です。二人の瞳に映るのは恋人の姿だけです。そのような見方に対して、リーディングはより高い視点から、一組の男女の結びつきを、二つの魂が一つの目的を掲げ、一つの理想を育みながら共に立つ姿として描写しています。

人はこの夫婦のように、目的を一つにするように努めるべきだ。この夫婦はまことに目的と理想において一つである。何よりもこのことを大切にしなさい。

共に成長し、霊性や霊的な事柄について、あるいは神や、神と人間との関係について、人間に対する神の願いと約束について、イエス・キリストが身をもって示された手本を通して、神が人に与えられた約束について、これらを共に学んで行きなさい。

なぜなら、あなた方がこの地上で結んだ夫婦の関係にあるように、造り主ご自身の定め給うた理想は、二つのものが、その希望、その恐れ、その願い、その熱望において、一つのものとして現れることにあるからだ。

これを実践しなさい。そして、あなた方は父と娘として、母と息子として、伴侶として、友人として、知人として、互いに相違点を持ち、またそれぞれが「仕返しの念」を抱えつつ、諸々の生涯を生きてきたのであるから、父がその娘に対して忍耐強くあることをあなた方が求めるように、あるいは母親がその息子に対して忍耐強くあることをあなた方が願うように、互いに忍耐し、寛容でありなさい。

神の許より来て間もない魂を、この世に出現させる水路として、自らを準備することを願い求める伴侶として、互いに忍耐強く寛容でありなさい。この世における神の臨在、人間に対する神の顕現、命、肉体の結合によって創り出されるであろう命、これらが［結婚生活における］理想である。

（2072―15）

共に成長し、学び合うことは、結婚を通して人生を分かち合う二人に開かれる、美しい可能性の一つです。

ケイシーの他のリーディングでも繰り返し述べられていることですが、前述のリーディングも、同じ魂たちが、様々な過去生において、密接な人間関係を形成してきたことを教えています。

私たちは、過去生で作り上げた「仕返しの念」の痕跡を持ち越してきているため、「忍耐」こそが、だれにとっても人間関係の鍵になるのです。ただし、ここでいう「忍耐」とは相手の中にある最高のものを育み、開花させることを可能にする「忍耐」であり、または互いの願望が「神の許より来て間もない魂」をこの世に出現させる水路となることを、忍耐強く願い求める上での忍耐のことです。

そして、結婚はすべからく、この世に神の臨在を具現すること、人間に対する神の顕現を実現すること、そして命と肉体の結合によってもたらされるであろう命を希望するものでなければなりません。

結婚を決意するカップルは、二人の人間が一つの関係として、すべてにおいて円満で、調和し、一体であることを実現するとともに、場合によっては試練として課せられることを覚悟しなければなりません。

二人がどのように影響し合うにしろ、それらは全体の調和が維持されるよう、互いを補うものでなければなりません。

問11　私は今の夫を過去にも知っていたのでしょうか。もしそうなら、それはいつのことだったのでしょうか。

答11　過去生で、何度も彼と知り合っていた。よい関係もあれば悪い関係もあった！　あなた方の誤解の原因もそこにあり、それでいて二人が結び付けられている理由もそこにある。

（1620―62）

「神の合わせ給いし者、人これを離すべからず」という聖書の戒めにあるように、また主の御前に働く者がそうであるように、心と体と魂とにおいて、またあらゆる面において［二人は］一つでなければならない。

一方の力が衰えたならば、その伴侶は助け手となり、主の御前にいつも一つであるよう努めなさい。聖書にあるように、自分の力では相手を救えないなどと、だれが知り得ようか。

（900―216）

結婚生活においては、夫と妻が互いに与え合うことが、まさにそれぞれが神に仕えるうえで必要な経験をもたらします。その実例を、夫を助ける妻の次のケースに見ることができます。

問3　どのようにすれば、私は夫を幸福にし、精神的にも肉体的にも健やかにすることができるでしょうか。

答3　ゼルバベル(1)の時代に、伴侶にとって大いに頼りになる者として出会ったように、「この人生においても」相手を勇気づけ、穏やかで思いやりのある言葉をかけ、自らの神に仕えようとするすべての人の心に力を与えるような、愛に溢れた経験を積みなさい。なぜなら、人々の自立を助ける者は、一つの都市を征服する人よりも、多くのものを獲得するからだ。

（2118―1）

新約聖書の古き時代においてさえ、「己を征服する者は、一つの都市を征服する者に勝る」という意味の格言があります。表現を多少改めた「人々の自立を助ける者は、一つの都市を征服する人よりも、多くのものを獲得する」いう言葉は、リーディング全体に流れる倫理的な姿勢を物語っています。

ですから、ケイシーのリーディングが、結婚と結婚生活に存在するさまざまな奉仕の可能性を高く評価しているのも、不思議なことではありません。互いに助け合うという考え方をもう少し押し進めると、次のような具体的なアドバイスになります。

これらの（実体と夫）が経験を共にしてきたために、彼らの希望、不安、疑いは互いに織られ、織り込まれてきた。彼らは、一方の者が最も助けを必要とするとき、もう一方の者が他方に対する支えになりつつある。

それゆえ、夫が怒っているときには、決して怒ってはならない。夫がふさぎ込んでいる時に、決してふさぎ込んではならない。これは、夫と反対の態度を取れと言っているのではない。むしろお互いに助け手となることを勧めているのだ。

主があなたに求め給うであろうことを、あなたが求めるとき、あらゆる事柄はこの一事において「成就する」。あなたの祈りは常に「あなたの御心が、おお主よ！　私をしてあなたの御心を行わし給え」であれ。

心と行為において、このことを伴侶である夫に対して守るなら、自分自身に勇気と強さをもたらすだけでなく、夫にももたらすことになる。

なぜなら、まさに主が示されたように、ここにおいて、あなたは人の知らない糧を持つからである。あなたの内にある気持ちと正しい目的を新たにすることで、その糧が、力と勇気をもたらし、希望と信仰とを与えるのである。

（2272―1）

「人の知らない糧」という言葉にあるように、至高の創造力である神の愛と意志を運ぶ水路になるという目的そのものが、結婚生活に生きようとする人々を、無限に養い続けるのです。

次のリーディングは、結婚生活をいつまでも充実させるために必要な三つの側面について語っています。

結婚について考えるうえで、もし結婚を実り豊かなものにしようと望むなら、単に肉体的な魅力だけで判断しないことだ。これらはすぐに色あせる。

肉体的な相性よりも、霊的な理想、精神的な願望という角度から熟慮されるべきである。これらのことは、そのような関係を選択した場合に、その肉体がどのような経験をするか、また相手がどのような経験をするか、という点において分析されなければならない。

というのは、こういった関係は、霊的・精神的関係から生まれる理想の代弁者であると同時に、人類という種を増やすという目的の代行者でもあるからだ。よろしいかな。（1776―2）

このように結婚の霊的、精神的、肉体的側面に重点がおかれるということは、結婚を論じるうえで三つの基礎があることを示唆しています。これに従い、本章の残りの部分は、霊的理想、精神的な願望、肉体的な相性という三つのセクションに分けて考えることにいたします。

霊的理想――出会いには秘められた目的がある

そもそも理想とは何でしょうか。

リーディングは、理想とは私たちが究極的にそうなることを望む何かであり、目標や思想とは区別されるべきものであると説明します。

誰でも理想を「胎に宿すこと」ができます。そして実際の妊娠と同じような成長期間を経て、その理想を自らの人生に生み出すことができます。

この物質世界で、あなたが伴侶の協力を得て、あなた自身の内に、肉体と精神と魂を持つ存在を生み出す水路を作ることができるように、神や、キリスト意識、道である主についての想いを堅く保つならば、それ自身があなたの肉体のうちに宿る胎児のように、命そのものをもって躍動し、あなたの内で育つようになる。（2823―1）

夫婦がその理想と目的を分かち合うなら、物質的にどのような状況に遭遇しようとも、それらを積極的で、前向きな体験に変えていくことができるでしょう。

もしこの物質世界での活動目的について二人の理想、願望が一致しているなら、これらの理想と願望が、調和に満ちた物質経験をもたらすであろう。彼らは彼ら自身のこの世的な苦難を幾度となくもたらすであろうが、もし二人の理想と目的が一致しているなら、目的を一つにするがゆえの強さがもたらされ、それが、それぞれの今回の人生において建設的な経験を築く。このことを強く確信することができるだろう。（1173―9）

いわゆる理想と理想主義を考察するならば、理想とは自己を離れたものであり、それはいかなる仕方であれ、自らに悦楽や満足、愉悦、充足といったものを求める動機とは異なる。むしろ、謙虚な心をもって、自らの活動をその定めた理想と比べることである。そうすることで、自分らしさはいよいよ活かされ、高められ、人生の諸々の努力が実る。

これらのものは、個人の働きの結果として得られるものであり、安逸や悦楽、満足、自己耽溺の対象を探し求めたからといって得られるものではない――しかし、二人が子供をもうけたなら、あらゆるものを内蔵するあの愛をもたらすことになるだろう。なぜなら、物質世界に現れるすべての力は一つの源から来ることを各自は知らなければならないからだ。

すべての力、すべての時間、すべての空間は、一つの源から来る。この源こそが、一人ひとりの理想の意識にならねばならぬ。この実体は――それが愛する人のために家庭を築くことであれ、自分自身の利得ではなく、他の人達を楽しませたり、喜ばせたり、満足させることであれ――人生経験を形成するどのような肉体的あるいは精神的な活動によっても、それ（源）に近づくことができるだろう。これがこの人にあらゆる瞑想や知識に勝る理解をもたらす。なぜなら、自分の力、自分の才能を適用することで、人は、自分が破壊力の流れに同調しているのか、建設的な影響力の流れに同調しているのか、その認識、その自覚を得るからだ。

人は建設的に形成しなければならない。その力を、人生の活動を、［源＝理想に］向かうことなく使えば、後悔や、涙、悲しみ、不満、幻滅をもたらすことになる。（303―3）

ここに引用した難解なリーディングは、じっくり読み込まなければ理解できないかもしれませんが、わかりやすくいうなら、次のようなことになります。

まず私たちが注意しなければならないのは、理想とは、「自分」を視野に入れたものであってはならないということです。つまり、自分の楽しみや、満足感、充足感、幸福、物質的な安楽といった利己的な動機の上に築いてはならないのです。

自分の人生が、理想とどのように関わっているかを謙虚に反省するならば、「人生の諸々」のことは成就されるはずです。しかしそれは、愛に溢れた行為の副産物とでもいえるもので、それ自体を求めても決して得られるものではありません。

あらゆる力、あらゆるパワー、あらゆる時間、あらゆる空間は、同じ一つの源を持ちます。その源がすべての人の理想にならなければなりません。自分の力や才能を、どのような形であれ、自分の欲得を考えずに用いるならば、万物万象の究極の源に近づいていくことができるのではないでしょうか。

人は、自分の自由意志によって、破壊的な力に同調することもできれば、建設的な力に同調することもできます。しかし、理想を実現するためには、人は善を築くものを選択しなければなりません。後悔、涙、悲しみ、不満、幻滅を作り出すということは、不毛なエネルギーを使っていることに他なりません。不毛なエネルギーからは、豊かなエネルギーが生み出す喜びや平安、善を作ることはできないのです。

二人の人間が出会うとき、そこには、出会うべき目的があるのです。

すべての人は——この二人の実体がそうであるように——目的があって出会うのである。出会いにおいて、二人の理想が同じであるかどうかということは、一方が他方に惹かれるかどうかには関係がない。お互いのさまざまな経験において、あるいは特定の活動時期に、互いの関係の中で自分たちの理想に対して互いに何を為してきたかによる。これが幸福のためのものであったにしろ、苦しみのためのものであったにしろ、それが惹かれ合う心を妨げるものにはならない。

同じように、互いが引き合うことによって、向上することになるのか、あるいは二人の中の何かを破壊することになるかどうかは、これもまた、それぞれの理想がなんであるかによる。

（2533—7）

今生において、人がどのような理想を選ぶかは、それまでの過去生で自らの理想のために何を為してきたか、何を学んできたかによります。

二人の人間が強く惹かれ合ったからといって、それは必ずしも二人が過去生で、素晴らしい関係を持っていたことを保証するものではないようです。それとは全く逆のことが真実である場合もあるからです。

ですから、結婚の目的は、個人が努力しようと、二人で努力しようと、理想を実現するための能力を試す機会だということになります。

霊的な事柄を最重要なものとし、またその人の目的が正しい方向にあるならば、現実の出来事はいずれ正しく整ってくる。覚えておきなさい。物質的な出来事は、時には混乱し、全く逆のように見えることがあるかもしれないが、神の法則は完全である。

このような視点で物事を捉えられるようになれば、あらゆる夫婦関係がもっとよく理解できるようになるだろう。

人との出会いは偶然ではない。自らの経験にとって必要であるがゆえに、ほかの人々と出会うのである。とはいっても、そのような機会がいつも霊的に活用されているとは限らないが。

（2751—1）

ですから、結婚を準備するうえで大切なことは、ある特定の人と人生プランを想い描くだけでなく、自分の人生を導くうえでの理想を明確にすることです。

あなたが平安を望むなら、心の歪みを「矯正する」ことを望むなら、他人との関係を知りたいと思うなら、内なる自己の中に理想を定めなければならない。

あなたの人生の目的は何であろうか。　（815―3）

また、今生における自分の目的、状況、興味などを顧みることは、結婚すべきかどうかを決定する際の有益な判断材料になります。

これまで述べてきたアドバイスからわかるように、各人は、地球に転生してきた目的を成就することがとりわけ望まれている。ほとんどの人にとって、そこには夫婦関係が含まれることになる。しかしながら、世の中には、その人達の状況と活動の性質から、独身を守ることが最善な人達もいる。　（2588―2）

英語で「助け手」という意味の「ヘルプミートhelpmeet」という言葉は、一般的に配偶者を意味し、普通は「妻」の意味にとられます。しかし、これを語源的に見ると、「釣り合いのとれた」とか

「適切な」という意味の「ミート」と「助け」という意味の「ヘルプ」からできており、ヘルプミートはまさに「必要にして適切な助け」となります。その配偶者に真の「助け手」を持つ人はまことに幸福な人です。

すべての魂には、同胞への奉仕において、互いを補い合う「助け手」が存在する。また互いを補い合うことを通して、喜びと平安と調和が見出される。
（752―1）

それゆえあなた方が互いに奉仕するときは、常に助け手としてあれ。決して躓きの石となってはならない。

相手の中にある長所を大きく見、欠点を小さく見よ。そうすれば、あなた方二人が協力して努力する中で示されていく真理をしっかりと育み、それらを教訓として、さらに強きものへと成長するだろう。それは、父なる神の栄光を讃え、あなた方の誉れを高めるものとなるだろう。
（2925―1）

二人の関係において、互いがますます補い合う者となるよう、常に努力せよ。そのようにすることで、より価値のある人生経験がそれぞれにもたらされる。そうすれば、目的を持って生きることの美しさ、正しく生きることの美しさ、忍耐と愛の美しさが、なおいっそう増し、それぞれの人生において、より麗しいもの、より価値あるものとなる。　(849—12)

どのようにすれば、二人は互いの活動においてもっと補い合う間柄になれるだろうか。また、各自の欠点に気づきつつなお、二人の表すものが一つであるほど目的の一致したカップルになるには、どのようにすればよいだろうか。

自分自身の人生において、互いが自分のこと以上に、相手を大切にしていることを示すことだ！

主はどのように教えられたであろうか。「主なる汝の神を、心と精神と魂と体を尽くして愛せよ。そして汝の隣人、汝の兄弟を、汝自身のごとく愛せよ」、これである。　(688—4)

すべての人に内在するキリスト意識は、自分自身にとって良いことよりも、他の人にとって良いことを優先するよう我々を導きます。

このことは、とくに結婚生活において、愛という電流を循環させる回路を完結させる役割を果たします。結婚においての理想が同一であるなら、そこには一致があり、愛の電流を妨げる抵抗は小さく、最大限の愛が流れるはずです。

次の例は「結束を忠実に守ること」つまり、相手に対する誠実さと貞節が、夫婦円満の要素であることを教えています。

問7　私たちの結婚生活を末永く充実したものにするには、私や妻は何をすればよいのでしょうか。私たちは互いにどのように助け合えばよいのでしょうか。

答7　互いが相手に対して誓った約束を――これは互いにとって、きわめて神聖なものであるはずだ――お互いの関係の中で、最重要のものとすることだ。

互いが自分自身に対して正直であること。なぜなら、これまでも述べて来たことだが、自分に正直である人は、相手に偽ることがないからである。

お互いが結び合っていることを思い出し、互いの前に定められた目的、意図、信仰を守ることだ。どのようなことが起ころうとも、約束に真実であるならば、人生のいかなる浮き沈みにも揺るがない平安と満足がもたらされるだろう。

（2709―2）

結局、混乱や不安、疑惑といった、結婚にとって苦しい経験も、キリスト意識のもとで取り組むなら、より大きな愛を生み出す契機になるのです。

理想を常に、主イエスの内に置きなさい。そうすれば、それぞれの側の混乱や恐れ、疑いといった時期は、より大きな愛、主の愛を表すための踏み石に変わっていく。それらが何を意味するのかは、あなた方自身で解釈を見出しなさい。そして、その解釈を、主の愛に照らして実行しなさい。そうすればそれらのものが結局は一つであることがわかるようになる。

（849―12）

精神的な願望――ギブ・アンド・テイクはどちらが先か

結婚の精神的な側面だけに焦点を当てたリーディングを選び出そうとすると、すぐさま、どのような切り口で分類すべきか途方にくれてしまいます。

たしかに人生における肉体的、精神的、霊的側面は明確に区別が可能ですが、リーディングからもわかるように――またわれわれ自身の経験からも言えることですが――これらの側面は互いに影響し合っているからです。しかし、それでもなお、結婚における調和、秩序、美といったものが、その夫婦の持つ精神的な願望と姿勢に深く関わっていることを指摘するリーディングが数多く存在しているのも事実です。

問5　結婚を末長く充実したものにするには、私はどのような努力をすればよいでしょうか。

答5　結婚は互いが五分ずつの責任を分担する共同事業である。このことを理解しなければならない。

「結婚から何が得られるだろうか」という考えの上に結婚を築くのではなく、「結婚において、私は何を与えられるだろうか」という考えの上に築くことだ。（2655―1）

……精神的にも霊的にも、五分五分の協力をする気持ちがないなら、また、あなたがそのように考えられないなら、結婚は用心することだ。（416―17）

長所に目ざとくあれ。相手の内にある良いところを探し出すようにせよ。相手の長所を大きく見ることで、欠点は徐々に小さくなっていく。このことを特にあなたの家庭内の人間関係において実践せよ。（2620―2）

人が結婚に対して根本的にどのような姿勢や態度を取るかは、その人が「愛」をどのように理解しているかということと深い関係があります。

問3　この二人はお互いに、心から愛し合っていますか。

答3　今のところはそう言える。

二人は次のことを覚えておかなければならない。すなわち、愛は与えることであり、成長していくものである。愛は育まれるか、さもなければ萎れるものである。それぞれの側に、無私の気持ちが必要である。

覚えておくがよい。結婚のような、心と体と魂の結合は、決して自分の願望を満足させるためのものであってはならない。一つのものとなるためのものでなければならない。愛は成長し、愛は堪え忍び、愛は許し、愛は理解し、愛は他の人にとっては苦しみとなるものをチャンスに変えていく。

自分はただじっと座って、与えることのすべて、許すことのすべては相手がするものだと期待してはならない。むしろお互いが一つになることを求め、常に互いが相手を補い合うものとなることを目的としなければならない。

（939―1）

愛と愛着を混同してはならない。愛と情熱を混同してはならない。

愛は神に属するものである。愛は創造するものであり、愛は与え尽くすことである。

たとえ神があなたの内に御力を顕わそうとも、そこに忍耐が顕われていなければ、目を楽しませる美しさだけで、そこに魂の内奥に存在する願望や希望を成就させるものがなかったとしたら、いったい、その結果は如何ばかりであろう。

(3545―1)


愛する人と愛される人の間には、互いの忍耐に愛が見出されることもあれば、それぞれの魂の中心にあるものが融合するときの美しさの中に愛が見出されることもあります。

愛着と情熱はしばしば愛と間違われることがあります。愛着も情熱も、全てを包み込み全てを成就する愛を伝えるには不十分です。愛とは簡潔には次のように表されます。


愛とは、自分の内にあるものを与えることである。

(262―44)


愛を見せかけのものにしてはならない。

あまりに特定の人に偏ってはならない。

自己に偏ってもならない。

神がそうであるように、愛は普遍的である。結晶化させることができるなら、それは美しいものとなる。しかし利己主義に陥って愛を卑小化したり、自我を増大させるために、あちこちで慈善を行うなら、それは結局は躓きの石となり、願望の充足、つまり、自分を満足させる活動を求めないではいられない落ち着きのなさへと、多くの人を躓かせる。（3573―1）

愛は誠実で純粋なものでなければなりません。また特定の少数の人に限定されるものであってはいけません。自分本位の愛や、利己的な動機から愛することは、魂の成長にとって重大な障害になります。

問9　どうすれば私は愛を知ることができますか。

答9　人が神について、また神と人間との関係を知るのと同じように、「霊が結ぶ実」[2]によって心を養う人は、愛が意味するところのものを知るようになる。（272―7）

「霊の結ぶ実をもって心を養う」とは、優しさ、親切、忍耐、寛容といった徳を糧とすることを意味します。それはまた、これらの徳性を滋養として摂取し、それらを私たちの「行動」という血肉に変容させることでもあります。

ケイシーのリーディングは、ときに離婚を正当化することがありましたが、次のリーディングは、その背後にある理由を説明しています。不幸な結婚生活が魂の成長を妨げる状況にあるとき、人の最優先されるべき責任とは、その人の存在の中心にある目的を成就させることにあります。

なるほど人は、自我をもっと少なくするように努めなければならない。

「自分」という想いをなくしていかなければならない。

しかしながら、精神・霊・魂の成長という観点において、他人の活動が、その人の魂の成長や、魂の活動を危機にさらすほどになったなら、そのときは、「私は平安をもたらすために来たのではない。剣をもたらすために来た。私は平安を与えるが、それはこの世が知らない平安である」とイエスが語られたごとく、魂として自分が地上に入って来たところの目的と動機を成就させるような経験に向かっていかなければならない。

（845—4）

リーディングは、結婚をより良いものにするうえで必要な態度と精神面の努力について、多くの助言を与えています。以下に、「結婚を成功させるための秘訣」とでも分類できそうなリーディングを集めてみました。

問10　私はどのようにすれば、夫との関係を改善し、より幸せなものとすることができるでしょうか。

答10　いつも思いやりをもって接し、互いの活動においてより質の高い協力に向かうよう努力することだ。夫のしていることに関心を持つようにせよ。そうすれば、あなた自身が関心を持っているものに相手が関心を示すようになるだろう。

強制するのではなく、むしろ相手との協調的な活動とせよ。これらのことは人生と経験と人間関係を価値あるものにするさまざまの事柄に寄与する。

瞑想を通して得られるであろう霊的真理の内に、これらを基礎づけよ。

沈痛な面持ちになるのではなく、あなたの努力が常にあなたに喜びと幸福をもたらすようにせよ。

（811―1）

問４　夫のやっていることで、私に手助けできることがあるでしょうか。

答４　想いは行動である。いつも楽天的であるようにしなさい。

あなたの想い、あなたの祈りが、彼が起きるときも、間違いを犯すときにも、いつも彼と共にあることを、一日一日、彼に知らしめなさい。彼の過ちを見過ごしてはならないが、それらを見とがめてもならない。あなたが真に「助け手」であることを彼に悟らしめるのである。足かせや鎖になってはならない。説教したり、あれこれ指し図するのではない。助け手であれ。

（793—2）

人の中に欠点を見出すな。あなたが他人の内に過失を見出すとき、より大きな過失があなたの内にある。

あなたは自身を清く保て。そうすることで、あなたはあらゆる仕方で、より高い人間関係に向かうことになるだろう。

（370—3）

問6　結婚したら、互いにどんな活動や探求を共に楽しめるでしょうか。

答6　自分たちが、補い合えるような関係を作って行けるようなものがよい……。

その取り組み方、関心事はかくあるべし。すなわち、

「夫との間にもっとも強い連帯感を作り、二人の関心が一つになるような事柄は何であろうか。夫のことをしっかり理解しなければならないような状況になったときに、夫の立場に立って、夫と向き合える自分であるためには、どのようなことに関心を払っておくべきだろうか」と。

夫においてもしかり。人付き合い、社会生活、道徳的な価値観、物質生活が夫婦間で異なる世界にならないようにせよ。常に建設的な仕方で、奉仕において常に二人が一つであるようにせよ。（939―1）

問4　夫をもっとも助けるには、私は何をすればよいのでしょうか。
答4　夫が関心を持っていることに関心を払い、触れておくようにすることだ。一緒になって活動することだ。ただし、それが相手を消耗させるようなものであってはならない。（3691―1）

社会生活にかかわる事柄については、互いに相手を思いやることが大切である。相手が、あたかもあなた自身の一部であるかのごとく、相手のしていることに興味を持つことは、お互いにとって必要なことである。

大切なことは、命令的な態度ではなく、互いに自分の人生を生き、自分自身の興味を持ち、自分自身の責任を持ちながら、それでいて、人生のさまざまな段階で生じる社会活動において、調和し助け合えるよう、互いの関係の中で必要な知恵と力を出し合い、与え合うことだ。

どんな人間関係でも、たとえそれが夫婦関係であろうと、あるいは友人関係であろうと、あるいは見知らぬ人との関係であろうと、人に対するあなたの姿勢は、いつも相手に希望と助けを与えるように努めよ。そのような意識に導かれた行動が、人に対するあなたの行動の中にますます現れるようにせよ。

（480—20）

人の欠点を見出すことは凡夫の為すこと。日々の困苦と苦難にある人を勇気づけ、励ますものを見出す人、これが賢者である。

（1449—2）

問３　妻との関係を良くするには、私は何をしたらいいのでしょうか。

答３　人からして欲しいと思うことを、人にせよ。これである。

あなたが妻の立場におかれたなら、どんな男性を夫にしたいと望むか、考えてみたことがあるだろうか。

一歩脇に退いて、自分自身を見つめてみよ。これなら簡単にできるだろう。ときどき自分を客観的に眺めてみることだ。そうすればあなたは自分の人間関係を変えていくだろう。

（3411—1）

人からして欲しいと思うことを、人にせよ。

自分に対してこうあって欲しいと思う有り様を、まずあなた自身が妻に示すことだ。それから次のことを覚えておきなさい。女性にとっては、どこか別のところで、あなたに賛辞の言葉を尽くされるよりも、「ありがとう」、「愛してるよ」といった、ちょっとしたことの方が、はるかに心に響くということを。そんな些細なことなのだ。
（5347―2）

問3　人生に対する姿勢や、人生に対して求めるものがまったく違う場合、このことがそれ以外の点では幸福な結婚にとって、将来の不和の原因になるでしょうか。

答3　これまで述べてきたように、調和と愛と命と希望を互いの関係の中で保つのに必要な戒めを実行するならば、そのようなことはない。

問4　夫が満足するようなライフスタイルと、自分の創造的な活動を、どのようにすれば両立させることができますか。

答4　自分に対して、自分の目的に対して、そして自分の神に対して、真実であることだ。美しく表現されたものの美は、あなた自身にとっても、またあなたの主、そして夫にとっても、喜ばしいものとなるだろう。
（2581―2）

問1　忍耐することのほかに、私と夫［1439］との間に調和をもたらすには、何をすればよいでしょうか。

答1　あなたや、あなたの夫、あなたの伴侶を見た人達が――あなた方は一緒に解決しなければならない事をたっぷり持っているのだが――なるほどあなたが真理と命の言葉を守って生きていることを、納得するような生き方をすることだ。

（845―1）

問5　夫の晩年を幸福なものにするには、私は何をしたらよいのでしょうか。

答5　先ほど与えた誡めの一番最後のものがまさにそれだ。

いつも優しくあれ――それがあなたの中で、また他の人達にとっても、一つの世界となる。彼の一日一日を元気づけよ。欠点を見出すなかれ。良いところを見出せ。長所を大きく見、欠点を小さく見よ。

あなたが許されることを求めるように、許す人であれ。あなたが夫を大切にするとき、あなたは神を大切にしているのだ。

（3412―2）

結婚生活を調和させるこれらのアドバイスは、興味を共有し、目的を共有し、世界を共有することを勧めています。

そして、想いは行動と同じなのですから、ほがらかで、楽天的で、希望に溢れていれば、何も言わなくても、相手を助けていることになります。

相手にストレスを感じる時ですら、相手を励ましましょう。相手のあら探しをしてはなりません。相手の中に欠点を見出すことは、それ自体が大きな誤りなのです。むしろ、良いところを見出すことです。

結婚生活を手早く点検する方法をお教えしましょう。それは、相手からして欲しいと思うことを相手にしているかどうか、相手にこうあって欲しいと思う有り様を、自分自身がまず実現しているかどうか、これらのことをチェックしてみることです。

結婚生活を円滑にする秘訣は、実に些細なところにあります。自分に真実であれば、おのずと相手に対しても真実に向き合います。他人があなたの人間関係を見たとき、そこに光を見出すような生き方を心がけましょう。

最後に、互いを大切にしているとき、それは神を大切にしていることと同じなのです。これらのことをしっかり覚えておきましょう。

肉体的な相性――束縛と自由の真意

リーディングは「心は作り手である」と繰り返し述べています。そのような意味において、結婚とは実際上、霊的真理を、毎日の生活の中で具体的な形に表していくワークショップだといえます。このワークショップの中で達成できること――つまり家族関係という枠内で何が達成されるかは――そこに注ぎ込むエネルギーと手腕と協力の程度に比例します。

結婚生活や家族生活は毎日のことですから、そこでは、人とうまくやっていく技量がとても重要なことになります。「相性」と「相手に尽くすこと」はこの点で大切な事柄であり、結婚における「肉体的な相性」に関するこのセクションでは、それらの要素を考察することから始めることにいたしましょう。

もちろん、結婚生活における不和に関してもリーディングは多くのアドバイスを与えていますので、結婚生活における諸問題や離婚に関する問題もここで扱うことにいたします。

問４　結婚したなら、二人は幸福で仲良くやっていけるでしょうか。

答４　結婚による幸福は、努力して作り出される状態であり、それ自体として存在しているわけではない。この点をはき違えてはならない。なぜなら、人生は生きており、人生に訪れる変化は、二人の結びつきや関係や活動をより意義深いものにするような仕方で、そのような環境において、それぞれが対処していかなければならないからである。

互いにいつも相手を頼りにしなさい。しかしながら、それでいて、常に相手から頼られるように自分を処することである。このように心がけることで、二人は、その結びつきの中に、平安と満足をもたらす人間関係を、精神的な力を、霊的活動を、見出すであろう。（939―1）

結婚とは、それを通して二人の間に良き相性を築いていく旅であり、冒険だということができます。それは持続的な意志力によって達成されるのです。

二人は互いに相手を頼りにしつつも、まずは自分自身がしっかりと自立していなければなりません。相手に奉仕することは、結婚における肉体的な調和のもう一つの要素です。これは次のような形を取らなければなりません。

問10　夫に対して、私のできる奉仕はなんでしょうか。

答10　真理について語るよりも、真理を生きること——これまで言ってきたように——これが唯一の、あるいは最善の方法である。

（1833—1）

夫婦が、お互いに自分は「助け手」であるという意識を持っていれば、夫婦間の問題は、むしろ改善のためのよいチャンスになります。

自分本位の願望を満足させることばかりを主張していると、それは結婚という結び付きを壊してしまいます。

たとえ混乱、不和、さらにはいがみ合いさえ引き起こすものが二人の間で起ころうとも、彼らが常にお互いのために「助け手」であろうとする気持ちを持ち続けている限り、もっと大きなチャンス、より大きな恵みに向かう踏み石となる。

万一、二人のいずれかが、利己的になったり、相手に対して自分本位の要求を押しつけるようになったら、あるいは自分の欲求の充足を求めることが、相手にとってどのようなことを意味するかを思いやることなく、自分の欲求を満たすことだけを求めるほど、利己的になってしまったなら、そのときは、その目的［つまり家族］は分裂してしまい、そのように内部において分裂した家が、長く立ち続けるはずはない。

（939—1）

次に引用するコメントは、うまくいくであろう夫婦に関するものです。

問7　私は過去生で、今の夫［5147］と関係があったとすれば、それはいつ、どこで、どのようなものであったのでしょうか。

答7　すでに述べたように、エジプトの過去生で関係があった。これらの関係はよいものだ。あなた方は互いに補い合うからだ。喧嘩をするときでさえ、あなた方は補い合う。（5148―2）

問5　夫と私は双子の魂《ツインソウル》かどうか、確かめられるでしょうか。

答5　それは適用される事柄に関して、何を目的とするかによる。まったく同一の魂があるかと問うなら、それはノーである。一本の木にすら、一枚として同じ葉はない。草ですら一枚として同じものはない。しかしお互いに補い合うという意味であれば、イエスである。これは目的による。受胎に際していかなることが起きるかについて、われわれが既に述べたものを研究してみなさい。（3285―2）

結婚生活は、時に困難に直面します。

夫婦間の困難を乗り切るには、まず感情のコントロールが前提になります。そして、自分から積極的に改善しない限り、なに一つ得られないということを理解するならば、どんな状況にあっても、あわてることはないでしょう。

問1　私の心身をボロボロにしている、この不幸な状況を克服するには、何をしたらよいのでしょうか。家庭を守るには何をしたらよいのでしょうか。

答1　これは何よりもまず、この人自身が、人間関係や活動の中で、肥大させてきた自我と感情を抑制することが必要だ。それのみが為し得ることである。これらのことは、仕事や人間関係など、この人の通常の活動の中で達成することができるだろう。

しかし精神的な態度や、対人関係における処し方については、次のことをまず知ることだ。（また、この状態があなた自身の経験の一部になったという確信と認識があなた自身の内にできるまでは、自分の中で何度も繰り返すことだ。）

すなわち、精神的、霊的に身に付けたものは、肉体的、精神的あるいは霊的に、あなた自身が捨て去らない限り何一つとして取り去られないということを。（700―1）

昔から幸福な結婚にとって最も深刻な障害の一つである不貞、不倫についても、リーディングは、苦しめられている本人の責任をたびたび指摘しました。

問1　私の家庭にある不倫の問題を、どのように扱うのが最もよいのでしょうか。

答1　人からして欲しいと思うことを人にせよ。

　これらの問題は、まず第一に、自己の内面、自分の理想において対面すべきである。あなたが自分の理想に対して払う敬意に見合うような生き方をせよ。

問7　○○夫人は、私の夫の人生から去っていくでしょうか。この関係が彼の最後の不倫となるでしょうか。

答7　彼の最後の不倫である。これから数カ月以内に去っていくだろう。

問8　私はこの問題に決着がつくことを熱心に祈っています。願いが応えられないのは、どこに問題があるのでしょうか。

答8　すでに述べたとおりである。あなた自身が間違っていた事柄について調べてみよ。

　あなたは自分自身に出会っているのだ。信仰を失うことなく、そして自分の生き方に疑問のないように、また、人々を非難することのないように、日々、自分自身の人生を生きることだ。

問9　過去生で、私と夫はどのような関係だったのでしょうか。そしてどのように今の状況と、自分の気持ちを扱えばよいのでしょうか。

答9　前の人生において、あなたが彼を堕落へと導いた時期がある。これは、あなたが霊的な側面に向き直ることで、最終的には正された。

あなたがイスラエルで生活していたとき、あなた方は共に働いた――これはあなたが自分自身を見出した後のことである。

われわれが見るところ、これらのことが現在の問題に対処する鍵になるであろう。

（2427―1）

リーディングは離婚を禁止するようなことは決してありませんでしたが、頻繁に勧めたわけではありません。離婚は、パートナーの一方が、もう一方のパートナーの成長を妨げている状況において示唆されました。

そうだ、この人にとって結婚していることはよいことだ――これは地上の人間にとって自然な生き方である。

しかしそれらの結婚関係が、その人が地球に入ってきた目的の成就を妨げるとき、しかもそれが明白であり、その状況を変えようがないとき、そのような関係は解消させた方がよい。

それによって、それぞれの人生において、自らの選択した神に仕えることのできる世界に落ち着くであろう。

（3379―2）


次に掲げるリーディングは、ある離婚状況に対して与えられた助言です。

問4　私と子供に対して、夫［417］が大きな義務と責任を負っていることを自覚させるには、どのようにすればよいでしょうか。

答4　これらは各人、ならびにそれぞれの成長に関する問題になる。

二人はそれぞれ自分自身の理想を持ち、いずれが理想に従っているか、あるいは理想から離れているか、それが明らかになる。

自らの理想を保ち続けることに対して障害になるほど、二人の関係が耐えられない時期がそれぞれ魂の経験に訪れるときには、気づかせるか、あるいは同調させるか、あるいは変えるか、さもなければこれらの関係を改めることが必要になる。

しかし、各自は自分自身の意識を探るべきである。「わたしは今日、幸いと災い、命と死をあなたの前に置く」(3)というい にしえより与えられた問いに、自ら答えなければならない。

しかる後に、激しい怒りや、恨み、憎しみ、非難といった感情を持たず、協議すべきでる。なぜなら、相手の内に非難したものを、われわれは自分自身の内において出会うからである。神を欺くことはできない。魂は自らの蒔いたものを刈り取らねばならないからである。

各自の理想が同じでないのは、だれにとっても明らかである。人はうわべを見るが、神は心をもとに、すべての行動、すべての言葉、すべての願望の目的をもとに判断し給う。

それゆえ、責任、義務、障害、希望、失望、不安について共に話し合うことを、われわれは勧める。恐れや疑いをもたらす暗い側面の方が大きそうに思えても、これまでの明るい側面をより大きく評価すべきである。

しかしどのようにアプローチすべきかは、祈りに満ちた気持ちで自分自身に深く問わなければならない。詰問するのでも、また目的もなく、むやみに許すのでもなく、愛において、率直にあなた自身の気持ちと希望を述べてみて、それらが相手が表明するであろう目的と希望とに同調し、調和できるかどうか考えてみよ。

もし二人の目的と希望があまりにもかけ離れ、共に目的ある人生を生きるには充分な引力がないならば、別れた方がよい。

(1192―7)

次の忠告は離婚を戒めるものですが、これは子供への配慮によるものであり、個人的な願望はきっぱりと退けられました。

この実体とその伴侶は、その人生、その成長と教育に責任を負うところの子供に対する社会的責任と義務、ならびに子供の心と体の健全な成長に寄与する上で果たさなければならない役割を自覚しなければならない。

それゆえ、個人的な願望を達成するには望ましい状況ではないかもしれないが、それらは子供に対する義務の前には、控えなければならない。（1449―2）

次のリーディングは、困難な結婚から解放されるには、その前にそこからしっかり学んでおく必要があることを、また他人を助けることに平安が見出されるだろうことを教えています。

問5　夫との今の状況から解放され、幸福を見出せるよう助言と指示をください。

答5　これは、あなたが他人を助けようとする行為において、もっともよく見出されるだろう。

これは［夫のことを］無視するというのではなく、主を信ずること、神を信ずることの栄光のためにである。

人を助けることが、解放をもたらし、平安と調和をもたらす。覚えておきなさい。主の約束は今も昔も次の如くである。すなわち、「私の平安、これをあなたに与える。私の平安、これをあなたに残して行く。これはこの世が知るところの平安ではない」。[4] これは安楽を与えるものではない。むしろ「人はそれぞれ自分の欲することをする。されど私は生ける神に仕える」[5] という自己の内なる確信から来るところの平安である。

これがあなたを束縛している力からあなたを解放する唯一の方法であり、唯一の出口である。真理こそがあなたを自由にし、真実、あなたは自由になるだろう。

問6　私は再婚した方がよいのでしょうか。今の時点でどのような指示やアドバイスがいただけますか。

答6　我々の見るところ、一年から二年のうちに、そのような機会が訪れるであろう。しかしこれまでも述べてきたことだが、今の伴侶との関係がまだ終わってないということを覚えておきなさい。完全な解放がある前に、もっと徹底した理解がなければならない。（2786―1）

法則を成就し、克服するには、なんと驚くべき仕方で愛の力を発揮しなければならないのでしょう！

右の質問者は、苦痛と苦悩からの解放と幸福を求めていました。しかしそれでも彼女は、まさにその不幸な状況の只中にあって、無私の献身を通して、生きる神に使えることを促されたのです。そのような愛が、またそのような愛のみが、現在の状況に縛りつけている力から質問者を解放することができるのです。

次に示すリーディングは、相談を求めにきた夫婦に対して、やや厳しい戒めを与えています。

それゆえ、二人で共に探すことをしてみるべきだ。

何をしたとか、何をするだろうとか、そういうことをあげつらうのではなく、また、互いに相手のことを密かに調べ上げるためでもない。各自は自分のことを考えることだ。

しかし、神と人の前において「死が我らを分かつまで！」という約束があったのである。これは無用な約束ではない。二人は、互いが相手を補い合える条件があるために、互いに引き寄せられたのである。これらのことは否定されるべきであろうか。

それらはまだ達成されていない。まだ完了していない。というのは、愛があり、希望があり、それぞれに調和と平安を求める気持ちがあるからだ。しかし、調和と平安が二人の間にあるためには、まず自分自身のうちに調和と平安がなければならない。

相手の為すことに欠点を見出すことによっては、決して調和を見出すことはできない。このことはあなたも知っているはずだ。

また、相手が何を考え、どうしたいのか、何を求めているのか、そういうことを思いやらない限り、調和を見出すことはできない。

（2811—3）

夫婦関係が危機に直面したときは、解決策を「共に探す」ことが必要です。他人との間に調和を作るには、その前に、自分自身が調和していなければなりません。

問1　夫はどうして私に関心を持たなくなったのでしょうか。

答1　それらは物質的なことである。

理想に対して自分をどのように役立てているかに関係する事柄である。

むしろ、このことを有益な経験とせよ。このことに振り回されてはならない。

問2　どのようにすれば彼ともっと親密になり、より良い妻になれるでしょうか。

答2　すでに述べたように、神の御前で、恥じることのない働き手として、神に認められるような生き方をすることだ。

　人を非難するのではなく、互いの間により素晴らしい関係をもたらす、あの愛、あの信頼、あの心の高まりにふさわしい自分であることを示すことだ。

（3706—2）


　心は造り手です。困難な夫婦関係を嘆き悲しむのではなく、その心を理想に集中させる（神に認められるような生き方をする）ことで、人は探し求めているより大きな愛に値する人間へと成長するのです。

　肉体的な一致、不一致は、過去に自分が蒔いた種の実です。ですから困難の多くは、自分自身がもたらしているのです。


　個々の魂、個々の実体は、絶えず自分自身に出会っている。

　理解しようという気持ちさえあれば、他人のせいにしてきた苦難の大半が、実は自分自身で招いていたことがわかる。それら［の苦難］において、あなたはあなた自身に出会っているのだ！

（845—4）

相手を納得させたいとか、相手を変えようと思ったら、自分が手本を示すか、あるいは手本と助言の両方を示すことが効果的です。

互いの物質的問題（次の例では経済的な問題）を解決するには、怒ったりイライラした態度に出ないように注意して、分別をもって話し合わなければなりません。

問１　夫に現実を納得させる具体的な方法を教えてください。

答１　これは言葉によるよりも、あなた自身が手本を示す方がよい。言葉と手本の両方を示すなら、頭で正しく物事を考えられる人であれば、だれでも責任、義務、道義心、世間の諸事についで考えるようになるはずだ……。

問４　私たちが経済的にちゃんとやって行けるようになために、私にできることがありますか。

答４　これは夫と話し合われるべきものの一つである。

怒ったり、激昂した状態で話すのではなく、そのような状況に対峙するのにふさわしい精神状態において、義務として、責任として、精神的な支えとして話し合うことだ。

そうすれば、夫とのかかわりにおいて、夫を通して、物質的、経済的関係において、最初は部分的に、後にはそれらの状況を全体に適合する状態が生じてくることだろう。（585―1）

次のいささか自分勝手な質問者は、リーディングの返答に驚いたことでしょう。

問8　彼は他のだれかと結婚した方がよかったのでしょうか。

答8　その多くは、あなた次第であり、もしあなたが他のだれかと結婚した方が幸せであったなら、夫もそうであったはずだ。（5594―1）

夫婦の宗教上の違いについてはどうでしょうか。辛口の忠告が与えられました。

問2　彼はカトリックで、私はプロテスタントです。私たちが結婚をしたら、彼の家族の要求に従ってカトリックに改宗すべきでしょうか。

答2　なぜカトリックになってはいけないのだろうか。カトリックの教義やいつくしみの中に、あなたにとって嫌悪しなければならないほど受け入れ難いものがあるのだろうか。

カトリックの教義の中には、あなた自身が心の中で誤解したり、さげすんできた規則や決まりがあるかもしれない。しかしあなた自身の心と目的が正しければ、互いが家族のためでなく、相手に仕えるためだということがわかるだろう。

覚えておきなさい。あなたは一人の男性と結婚するのであって、家族や教会とするのではない！　主が望まれるであろう道に自らを進ましめたいという目的と願いを、あなた方は互いの関係において実現すべく生きるべきである。
（1722―1）

夫婦間の特定の問題に限定しない質問に対しては、次のような広く応用できそうな助言が与えられました。

問３　私と現在の夫が互いにもっと理解できるようになるには、どうしたらよいでしょうか。
答３　前に述べたように、失望と暗い影がある。思いやりに徹せよ。あなたの言葉と行為のすべてにおいて、「主よ、あなたは私に何をさせ給うか」であれ。
（1129―2）

次のやりとりは、他人への奉仕が解決法として勧められた、家庭問題の一例です。

問１　私の家庭における立場に関して、夫との間に考え方の大きなギャップがあります。夫は私にキャリアウーマンとして仕事をするよう勧めるのですが、私自身は、家にいて、本当の家庭を作ることに専念したいのです。私の仕事は娘を育てることにあるように思います。

この状況をはっきりさせるようなアドバイスをいただけませんでしょうか。

答1　あなただけでなく、関係するすべての人達にとって、より大きな希望と喜びと平安が実現されるような仕方で、これまで我々が述べてきたこと、見出してきたことを実践することだ。スポーツやゲームのような活動で経歴を積むのではなく、健康維持をさせるものとして、他人を助けるものとしてだ。それが非常によい。

（1074―2）

リーディングの答えは常に、特定の人物の、特定の質問に対するものですが、それでも次の答えには、フェミニストから不満の声が上がりそうです。

問3　ビジネスに関して、どんな方法で夫を助けられるでしょうか。

答3　ほとんどの場合、口を出さないことである。

それ以上の援助の仕方としては、できるだけ快適な精神的雰囲気を作るよう心がけることだ。

夫にアドバイスしたり相談に乗るのはよいが、あれこれ指し図するのはよくない。

（564―1）

最初の一言があまりに強烈なだけに、それに続くアドバイスはかすんでしまいそうです。助け手としてのパートナーの目的は、いかなる意味においても相手と競い合うことではなく、むしろ互いの成長を援助することにあります。

ここでは、妻は夫の努力を促すように助言されています。快適な精神的雰囲気を作り、有益な意見を提供し、それでいて、彼の主導権を奪わない。

経済的な事柄は、結婚生活に不和を作り出す大きな要因として知られています。人生のあらゆる側面を適切にこなすには、各人に入ってくる金銭にも適切な配慮が必要です。

それぞれに入る収入とその使い方については、次のようにあるべし——すなわち、手元にあるものを取り、それを主に対して聖別せよ。「金と銀は私のものである」と主は言われた。それらは、この世における主についての完全な知識をもたらすために、人々に貸し与えられたものである。

このことをまずはっきりさせたなら、いにしえより与えられている次の言葉、すなわち「主を見出し得るうちに主を求めよ。されば、これらの［物質的な］ことはすべて汝に増し加えられる」が現実のものとなる。なぜなら主は、主を愛する人々に充分な賜物を惜しみ給わないからである。

主は言われた——私を愛する者は、私の掟を守れ。それらの掟は重いものではない。憐れみを示す者に、私は憐れみを示すからだ。（903—3）

次のリーディングでは、配偶者を援助する際の心構えとして、自分中心にならないことや、ギブアンドテイクの精神の大切さが述べられています。新婚時代のように、相手の求めているものに敏感で、喜んで援助しましょう。

問7　妻としての私の一番の誤りはなんでしょうか。どうすれば夫に対して最大限の援助をすることができるでしょうか。

答7　ごく一部の人を除いて、誤りを指摘することが益になる人はいない。

非常に広い意味での誤りについていうなら、大きな誤りは、われわれはだれもが——この質問者に限らず、どの人についても言えることだが——利己的であることだ。

他人を助ける場合には——この人にとっては夫を助けることだが——いつでも喜んで与え、また与えられるような立場にいることだ。

妻が愛撫を好むように、男も愛撫を好む動物であるということを覚えておきなさい。

相手のすることに対して関心を示さなければならないのと同様、自分のすることに対しても相手から関心を示してもらわなければならない存在だということだ！

新婚生活の最初の三週間にあなたが表明したことを基準に、多くのことに保ち続けよ。これほどの理解に達する人はほとんどいない。何事も新婚三週間のように保てば間違いない。

（5594—1）

結婚における不和を癒し、一体感を深めるために、次のような提案がなされました。

問4　私たちは一緒になってできる何か特定の趣味とか、レクリエーションのようなものを定期的に持つべきでしょうか。もしそうなら、どのようなものがよいのでしょうか。

答4　これはスタートとして非常によい。

レクリエーション、活動、思索、探求、興味などが別々になっていたら、あなた方は離れ離れになっていく。趣味、レクリエーション、探求、旅行、人との交流など、あなた方の関心が一緒であるなら、あなた方は目的において一つのものとして成長する。

あなた方の一方がこちらの道を行き、もう一人があちらの道を行き、それでいて二人の考えと目的が一致しているということはできない。宝物があるところに心もまた存在し、活動も共に一つになる。これが法則である。

（263―18）


夫婦関係を癒す具体的な方法としては、レクリエーションや探求や、その他興味のあることに対して、二人で何か計画することもよいでしょう。

何かの活動を共にすることは、人生を共有することであり、目的に向かって一つのものとして成長していく機会になります。

結婚の肉体的な側面については、自分が相手にどのように影響するか、充分に認識しておく必要があります。


それぞれは、肉体的な生活を相手の重荷にしてはならない。

二人の結びつきが、互いにとっても、また主にあっても完全なものであるよう、肉体的にも、霊的にも、そしてあらゆる力において、自分を与えていくことだ。

（254―8）


結婚は動的な関係であり、三次元的であり、命を携えるものです。

霊は命であり、光である。心は造り手である。

物質的なこと、肉体的なことは、それらを物質世界、肉体的世界に適用した結果である。
（585―1）

成長という視点から、次のリーディングは結婚という生き方に存在する希望と無限の可能性を示しています。

真理と命の種が蒔かれるなら、それは――人生を共に歩むにつれて――調和のうちに実を結ぶであろう。
（480―20）

「種」という言葉にあるように、結婚は、何かの可能性を包み込んでいる状態にたとえられるかもしれません。種であれば土に埋めて育てることもできれば、それを握り締めて枯らしてしまうこともできます。結婚もそれと同じように、互いに束縛し合い、制限し合う関係にすることもできれば、二人が解放されて自由になり、互いを支え合う関係にすることもできます。

結婚生活においては、私たち自身が心であり、心が手足に命じてそれらを自由に操るように、私たち自身が結婚のあり方を決めるのです。願わくば、キリストの内にあったのと同じ心が、私たちの内にありますように。

訳注

(1) バビロンに捕囚されていたイスラエル人をエルサレムに帰還させ、神殿再建を指導した歴史上の人物。
(2) ガラテヤ書5章22節。
(3) 申命記30章15節。
(4) ヨハネ福音書8章32節。
(5) ヨシュア記24章15節。

2章　天国のような家庭を作る

——理想的な人間関係は可能ですか

夫婦が目的を一つにしている家庭ほど、創造主に対する人間の関係をよく反映しているものはこの地上にはない。なぜなら、家庭とは、性格や個性の違う人々が、一つの目標、一つの理想のために協力し合う、創造的な営みであるからだ。

（3577—1）

右に引用したケイシーの言葉は、リーディングが家庭というものをどのように捉えているかをとても簡潔に表しています。

目標を一つにする夫婦の作る家庭は、《あらゆる創造の源である神》に対する人間のあるべき姿を最もよく表したものなのです。それは、部屋のレイアウトにも現れれば、家の手入れの様子、家庭の雰囲気、しきたり、その家を舞台に繰り広げられるさまざまな出来事にも現れます。

家族の一人一人が互いに助け合ってその生命を育んでいる家庭にとって、家庭を営むプロセスそれ自体が創造的であり続けます。


家庭を生涯の仕事《キャリア》にしなさい。この世で家庭を作ることは、どんな人にとっても、いずれ劣らぬ立派な仕事であるからだ。

仕事と家庭の両方を与えられる人はわずかである。しかし、あらゆる仕事の中で最も大切な仕事は家庭である。

家庭という仕事を避ける人は、それを埋め合わせるだけの、もっと大きなことを引き受けなければならない。なぜなら、家庭とは、すべての人がいつか達成したいと願う「天の我が家」に最も近い象徴であるからだ。

（5070—1）


今回の人生では、過去生からの願望ゆえに、家庭を作りたいという憧れがある。

人にくつろぎをもたらす家、平安に満ち、感謝と祝福の言葉を交わし合う場所としての家、一人一人がその日、その時を、相手にとって、たとえわずかでも、もっと聖なるもの、もっと平安なもの、もっと美しいものにすることを求め合う場所、喜ばれる場所を欲している。

家庭を備え給う、いと高き神に感謝を捧げる家庭を作ろうという気持ちがある。イエスは次のようにいわれた。「私がいるところにあなた方もいられるよう、あなた方のために場所を備えに行く」[1]と。これが家庭の意味である。それゆえに、この地上に家庭と呼ばれる場所を作ろうとする人々は、まことに人々の中で祝福された人である。（5231―1）

家庭とは、二人以上の人間が、自分たちの選んだやり方で共に生き、共にあり、共に存在する場所です。

家庭は、自分でそのように選択しさえすれば、やすらぎの場所、安心とくつろぎの場所、感謝と祝福の言葉を交わす場所、家族の人生をこれまでよりもほんの少しでも豊かにしようと願い求める場所、そういう場所にしていくことができます。

私たちが手本とすべき「天の我が家」とは、キリストご自身が作られるような環境であり、キリストと共に生き、歩み、キリストと親しく交わるための、人の理解を超えた美しさと喜びと善に溢れた場所です。

家庭とは、そこに住まう人々が、お互いの精神的な関係や、道徳的関係、霊的関係を高めていく滞在地としての、この世の雛形、安息地のごとき場所である。

家庭とは、人が「天の我が家」、すなわち霊的世界に願い求めるものを、この物質世界に反映した場所である。

したがって、霊的に見るならば、家庭とは、人が父なる神と一つであることを、物質的にも精神的にも表す場所でなければならない。調和や平安、栄光など、神と一つであることを示すすべての特性が、その家庭に現れていなければならない。

これが家庭と呼ばれ得るにふさわしい場所の理想である。（538―33）

家庭は、神の普遍的な力と一つに調和している状態を具現していなければなりません。愛の行き届いた家庭には霊妙《たえ》なる音楽、「天界の音楽」があります。

問4　私のライフ・リーディング（480―1）によれば、今回の人生で私は、音楽か演劇の分野で最高のものを達成できるかもしれないということですが、どのようにすれば音楽や演劇を結婚生活と両立させ、なおかつ、その両方で最高のものを発揮できるでしょうか。
答4　家庭の中で音楽とはなんであろうか。前にも言ったように、家庭とは、天国の家庭の象徴のようなものである。

人との交わりの中で、それら［の才能］を調和した体験にしていくにつれて、それらが人と人との活動において、まことに天界の音楽をもたらすものになる。

人がこの地上で為し得る最高の業績たる家庭においてこそ、それらは触れられるべきである。

（480―20）


右のリーディングは、この地上で人間に為し得る最大の業績とは、家庭を作ることであると述べています。なんと力強い言葉ではありませんか。また、それだからこそ、次のリーディングに見られるように、家庭を作る人たちの上には大きな責任がかかってくるのです。


あなたが求めている平安を、まず、あなた自身の魂の内に、良心の内に見出しなさい……。なぜなら、あなたの心が願うものの中に平安がなければ、また、真理を知ろうとするあなたの目的の中に平安がなければ、あなたは兄弟や、隣人、子供たちとの間に、家庭の中に、平安を保つことはできないからだ。

（3028―1）

霊的法則――過去生の集大成として

類は友を呼ぶ。これはゆるぎない霊的法則である。調和と美と恵みの意識があなたの心を支配しているならば、それは周りの人々にも伝わる。

彼らは、誰かに話しかけられたわけでもないのに、誰かが心配してくれているわけでもないのに、どうしていつもとは気持ちが違うのだろうかと不思議に思う。これこそが、《真理の霊》[2]が人々に働きかける仕方である……。

音楽、絵画、そして特に物事の本質については次のように語ろう。

夕日の本質を、薔薇の美しさの本質を、友情の本質を、愛の本質を、人はいかなるものとして描くであろうか。

かつて、神への犠牲として、神への芳《かぐわ》しき香りとして神殿の至聖所の祭壇に捧げられていたものには、ある特定の供物が定められていたが、この祭壇に捧げられていたものの中に、それらの本質を示しているものがある。

では、人の人生にとっては何が芳しき香りだろうか。愛の本質、希望の本質、美の本質と呼び得るものが芳しき香りなのである。これらについて、遙かに抜きんでている人々がいる一方で、それらにほとんど関心を示さない人々がいる。しかし、無関心な人であっても、知らず知らずのうちに、これらに影響される。

そのような生き方をして、なおかつ自然や物質世界に対して豊かな感性を備えている人々は、真に《聖なる神》の子として呼ばれるにふさわしい人々である。

（3098―2）

家庭を作る人にとって、自分の内に平安を持つことが望ましいのは、なぜでしょう。それは「類は友を呼ぶ」ということ、つまり自分の内面にあるものが外に現れるからです。

家庭生活という密接な人間関係の場ほど、私たちの内面から漂う芳しい香り（さもなくば悪臭！）がはっきりと現れる場はありません。愛の香り、希望の香り、美の香りは、意識的に認識されなくても、周りの人々に影響するのです。

その場所を理想的な家庭にすることに、あなたの力量や才能がよりよく発揮される。そして、すべての家庭にとって何事にもまして大切なことは、「何よりもまず、神と神の義を求めよ。そうすれば、その他のすべての事柄は、ふさわしい形でしかるべき場所に増し加えられる」[3]とい

うことを覚えておくことである。　（780—6）

神のいますところ、そこに家庭がある。あなたの家庭の中心に、神を据えよ。　（3351—1）

このように「天国の家庭」という理想を実現することは、私たちにとってもやりがいのある素晴らしい仕事です。

そのような家庭を作る上で、何よりも大切にしなければならないことは、神を家庭の中心に据えるということです。そのようにすれば、他の必要なすべてのことは、自然に整って来ます。

あなた自身の内面が調和していれば、あなたと家庭との間は自然に調和する。あなたが、あらゆる善にして完全なる賜物の与え主である神を心底信頼するならば、必要にして充分な物やお金、あらゆる種類の援助があなたのものになる。　（1158—22）

次に引用する興味深いリーディングは、家庭生活を豊かにする上で役立ついくつかの才能を列挙しています。

この人には、近い将来、変化や新しい環境、新しい活動を強く求める時期がくるだろう。しかし、われわれの見るところ、過去生からの能力を最大限に発揮させるには、家庭を作り、家庭において親しく交わる人たち、友人、伴侶などを、励まし力づける存在として活動することが望ましい。

この人は手元にあるものを何でも活用する才能を持っている。自然の恵みを利用する才能があるし、直観力もある。また、いろいろなタイプのグループや、いろいろな性格の人たちとも親しく付き合っていく才能がある。家庭を作り上げる能力がある。家庭とは、それ自体が未来の希望、天国の希望に最も近いものである。なぜなら、これらの活動は、交流のある人々、子供たち、伴侶、友人たちに、自分の創造力を霊的あるいは物質的に適用することを促し、目覚めさせ、成長させるからだ。

これらのことが、この実体をより大きく目覚めさせる影響力となる。（2376―6）

他人を力づけること、直感を使うこと、手元にある物質的・経済的資源（特に「自然の宝庫」）を使うこと、多彩な友人関係を維持すること、そして、自分を含めて人々に霊的理想を自覚させ、目的をもって生きるための基盤を与えること――これらが家庭生活を豊かにする上で自分の能力を積極的に活用することになります。

家庭の生かし方――環境作りと人付き合い

家庭を創造していくことは建設的な経験であり、どんな人にとっても、いずれかの人生において経験することになります。

今われわれが対象としている人がそうであるように、すべての人にとって、家庭を築く経験を待ち望むことはよいことだ。

この人は、準備したり、家具を配置したり、心に思い描いている様子を作り出そうとすることにおいて、この人が人生の中で経験し得る最大の建設的な力を経験するだろう。

なぜなら、家庭とは、心と体にとって、永遠なるものを表わすからだ。和合し、善のために善を為すこと――これはすべての人が経験することであり、家を投機対象として考えることがなくなれば――家庭、暖炉、母、父、家、家族、これらはきわめて多くの面で溢れんばかりの祝福となる。

（416―11）

訪問者や客人を家に招くことは、家庭生活の楽しい部分です。家に来てくださるすべての人が爽やかな気持ちになれる――これが人をもてなす側の心得です。客人が必要としているものをどれだけ思いやれるかが、もてなしの尺度になります。その家を訪れた人達が心身共にリラックスして、新たな刺激を受け、楽しい気分を味わっていただければ、それは招いた側の大きな喜びです。

次のリーディングは、家庭を準備して客人を――肉眼には見えない客人をも含めて――招く上での心構えを教えています。

家庭を築くにあたっては、それを天国の家の雛形のように作ることだ。ただ寝るだけ、ただ休むだけの場所にしてはならない。

自分だけでなく、そこを訪れるすべての人が、家庭という聖なる場所に住まう一人一人の作り出した波動そのものから、その家に溢れる思いやりと希望を感じ、体験できる場所にすべきである。

二人のためのみならず、訪れるすべての人にとって、心なごむ場所、心身の保養所とすべきである。

多くの生涯で経験してきた教訓を思い出し、客人をもてなすことに心を配るようにせよ。なぜなら人は、それと気づかぬうちに、天使をもてなしているからだ。それゆえ、天使が訪れたくなるような、天使すら客人として招かれることを望むような家庭や住まいを作るがよい。それによって素晴らしい祝福、栄光あふれる喜びと満足がもたらされるだろう。

家庭を常に調和あるものとすることで、自分を正し、また互いの関係を正すという、栄光に満ちた調和がもたらされる。「それは明日やろう、来週から始めよう、来年からそうしよう」などと言ってはならない。あなたの人間関係の中で日々に蒔くものを、真理の種、希望の種とせよ。それらが実を結ぶほどに成長し、日々が過ぎ、歳月が過ぎたとき、それらの種が真に、家庭を飾る美しい花園になるだろう。

（480—20）


私たちの「美しい花園」は、飾って美しくしたり、家具調度を整えることはもちろんのこと、いつも清潔にしておくことも大切です。他には次のような助言があります。

すべての人がこの人のように、自分の家を素敵で小綺麗にするなら、どんなによいことであろう。この人の経験のうちには、だらしないものや汚ないものは何一つ存在しない。あるとす

れば、それは周囲から強制的にもたらされたものに過ぎない。（4028―1）

私たちは、自分たちの生活で日常の活動を適切に配分する計画を立てて、バランスを取ることも必要です。

すべての人は（また特にこの人はそうだが）、時間を適切に配分することを学ぶことが大切だ。探求にはこれだけの時間を、休息にはこれだけ、頭をつかう仕事にはこれだけ、肉体をつかう活動にはこれだけ、読書にはこれだけ、社会活動にはこれだけ、という具合いに決めることだ。しかしこれを単に決まりきった日課にしてはならない。むしろ、これらの活動を切り替えていくことで、活動の一つ一つによりよいバランスを与えるようにするのである。これらは個人の活動を促進していくばかりでなく、どのような活動であれそれをやっているときに集中できる能力をも与えるからだ。（440―2）

バランスのとれた生活を送ることで私たちは鍛えられ、理想を現実的な形で実現できるようになります。

問5　この人はどのような考えや理想を保てば、仕事の中で自分の魂を磨き輝かせ、周りの人達に喜びと憩いをもたらすことができるでしょうか。

答5　前に述べたように、霊的理想を実践的なものにすることによってである。それは能力として潜在しているが、おもてに引き出すことができる。その長所を高め、日常生活の中で、自分自身の宗教的・霊的生き方を、実践的なものにしなさい。

（1204―3）

物事を実践的なものにするという考え方の延長として、いくらか夢想的な傾向のある夫婦に「地に足のついた」アドバイスが与えられました。

問7　私たちは、自分たちの家を持つことができるでしょうか。

答7　そうなるだろう。一九四六年には。

問8　どこに建てるべきでしょうか。

答8　とりあえずは地上に建てたらどうだろうか。もちろんあなたが選ぶ土地の上に。

（2072―15）

しかし、自分の理想を家庭で実現するには、具体的にどのようなことをすれば良いのでしょうか。

家という物理的な環境そのものを美しく調和のとれた状態にすることも、家庭生活全体の質を高めるのに役立ちます。

実利的な観点からすると――精神的な意味で実利的な観点からすると――金星に、この人の「欠点を埋め合わせる長所」と呼べる性質があるのをわれわれは見出す。すなわち、物や心の美しさを愛するだけでなく、人との関係、たとえば都市や州、国家のグループや家族との交わりにおける美しさを愛する心を見出す。

なぜなら、学校の気風の美しさや、家庭における協調の美しさ、道徳や物質的、精神的福祉にかなう都市の条例の美しさは、この実体にとって、名作文学や、美しい絵画、彫刻、自然の美しさを表す芸術と同じように、美しいものとして感じられるからである。（1334―1）

家庭の精神的な雰囲気の中に美しさがあるのと同様に、家の物質的な外見にも美しさが備わっています。そういう意味で、住居の外観はきわめて重要です。

というのは、人の心の美しさは、しばしばその人を取り巻く環境の美しさによって導かれるからだ。（1771―2）

環境の美しさが、そこに住まう人の心に影響を与えるとなれば、手元にあるものを使って家を美しく飾ったり、家具調度を整えていくことは、家庭を作る人の想像力を表現する上で、大切でしかも楽しい機会になります。

このテーマをさらに掘り下げるものとして、次のリーディングは、家庭と、家庭を築く人、その家具調度、その意味の深い関わりを教えています。

問2　私はなぜ大工仕事や家具作りがこんなに好きなんでしょうか。

答2　すでに述べたように、地上での諸生涯において、この人が他の人々の人生に示そうとしてきた思いやりや配慮を、これらを通して形に表すことができるからだ。

それらの過去生で、この人は街道の宿屋のごとき存在であった。そこを訪れるすべての旅行者が、彼らに対する配慮と思いやりを感じられるよう、家具調度に落ち着きと調和と美しさをもたらすように努めたからである。

これらの傾向は、そういった家具調度を、もっと望ましいもの、もっと美しいもの、相手がもっと愛着を覚えるようなものにしたいという願望に表れている。

しかるにまた、訪れる様々な土地や環境でこの人が経験しているように、他の人々が何かの印象を与えようとしたり表現しようとしているところでは、常にそういった想念や心配りにこの人は容易に感化される……。

それ故、この人の配慮にみられるように、[1152] は、生まれながらに《理想》であり、地上におけるすべての魂の究極の《理想》であるかの《偉大な魂》、かの《偉大な実体》のまとっていた想念を経験し、その意識を獲得したのである。

設備や家具類が調和に必要であるように、家庭の諸々のことを行うこと、家庭を明るくしたり、家庭についていろいろ配慮することが、この人の経験の一部になっている……。

この世の家であれ、霊的な家であれ、作り手や大工のいない家をこの人が想像し得るだろうか。

家具のない家をこの人は考えられるだろうか。これらは建物の一部である。そのような家を想像するくらいなら、根のない木、枝や幹のない木、「飛ぶ鳥に「巣を掛けよ」と呼びかけることのない木を想像する方が容易である！

これらは部分でありながら、しかも本質である。それらは始まりにして、終わりである。想いは物であり、その想いを持ち続けていれば形をとり、神を求める人々の経験の中に作られていく。

（1152―4）

子供たちのために、両親はできるだけ早い時期に、二人の理想と二人が選択したライフスタイルを、自らの家庭において身をもって示すように努めなければなりません。なぜなら、それぞれの家庭は、他の家庭には真似のできない、その家庭独自のパターンを持っているからです。

問９　この人が家庭を作り上げるのに、今のやり方は適切でしょうか。

答９　適切である。この家庭環境ならば、（家族の）すべてにとって、他の方法では得られない環境の力が生み出され、及ぼし合い、それが一人一人の人生の内に形成されるからだ。

しばしば引き合いに出されるある母親の話を良く覚えておきなさい。

その母親は、どうして自分の子供が海を愛するのか、その理由がわからなかった。家族のだれも海など見たこともないし、海を話題にすることもなかったからである。しかし、その子の部屋を調べてみると、海に浮かぶ大型船の絵がかかっているのに気が付いた。この話から学ぶことだ。　　　　（903―13）

親しい間柄の人達に対してであれ、あるいは社会生活上で接する人達に対してであれ、自分の家を訪れる人達に対して、この物質世界にあって、あたかも神が「我がもとに来たれ」と呼びかけ給う世界への入り口を象徴するような場所を提供する人――このような人々がその心と経験の内に築き上げるように、この人も、今回の人生において、自分自身に対して、またこの人が接する人々に対して、より豊かな祝福をもたらすことができるだろう……。

これまで述べてきたように、具体的な事物において家を形作れ、棲処《すみか》を作れ。

肉体的に疲れ、精神的に求めている人に対して、そこを彼らが静養できる場所とせよ。

そして、人々の人生に対して、あらゆる形で希望を与え、彼らを助けたいと願う人達の支援を求めることだ。

（524―1）

家は、そこを訪れるすべての人がより大きな祝福を得られるよう、祈りの心をもって、また目的をもって作られなければなりません。人々は、経験をもたらすという点でも、家庭の一部なのです。

次のリーディングは、家がその内側から美と平安を放つように、私たち自身も、内面から美と平安を放射していることを示唆しています。

花は、どんな環境にあっても、そこにあって愛と美を放ちながら成長する。

人はなぜ、そのことを花から学ばないのだろうか。

花は、そこに存在するだけで、その場を美しいものにする。

あなた方も花にならって、どこにいようと、あなたがそこにいるだけで、より美しいところとなるよう努めなさい。

それが粗末な家であれ、広大な屋敷であれ、花がそうであるように、そこを美しいところにしなさい。

（5122—1）


この人は、周囲の状況があまり魅力的でないときなど、そのことで疲れてしまうことがあるが、むしろこの人自身がその身なりによって、周囲を魅力的なものにすべきである。

この人の周りにはそれに影響されて、あれこれ批判する者がいるかもしれないが、この人は自分自身の側の努力によって、この人が掲げる霊的、精神的、物理的理想を大いに印象づけるであろう。

（3390—1）

問2　私は美を愛する者です。虚栄にならず、しかも自分を美しくするには、どうしたらよいでしょうか。

答2　美とは、外見の状態をいうのではなく、むしろ内側からわき出るものだということを、この人は、この経路[4]を通じて理解したはずである。

外見の造作は衰える。されど命の美しさ、その人の個性を通して輝き出すところの人の美しさは、決して衰えることのない美を与え続ける。

幸福とは存在の有り様のことではなく、心の状態をいう。心の状態と存在の有り様とは異った要素であるからだ。

人が外に求めるところの幸福は、世俗的な美が衰えるように、やがて色あせて行く。されど内から現れる幸福は生き続ける。

自分のためではなく、周りの人のために、創造エネルギーの美しさと一つになることに満足を見出しなさい。

（2071—2）

心の波動——家庭の雰囲気は心の芸術作品

私たちの状態、私たちが外に表現するもの、私たちの放射するもの、これらは周囲の物理的な状況に影響を与えます。

われわれがここに見る［664］の状態を例に取るならば、場所や家、部屋、周囲の環境などが、そこに居る人が内部から放射するもの――たとえそれが苦悩であったとしても――によってどれほど変えられ、作り出されるかを大いに強調しておこう。（664―1）

神がモーゼに語られた「汝の履き物を脱ぐがよい。汝の立てる地は、聖なればなり」[5]という言葉が真に何を意味しているのか考えてみよ。如何なる意味があるのか。その言葉を考えたことがあるだろうか。

ある場所を訪れると、そのいくつかには、真にホームという名にふさわしい住居を感じるが、その一方で別の場所では（あなたにそれを感じるだけの敏感さがあればの話だが）、そこから感じられるフィーリングそのものから、「ここは、しっくりきていないものがある」とか、「怒りがある」、「罵りがある」など、その類いのものが、その建物の中に渦巻いているのを感じてしまうのはなぜであろうか。

それを知りたければ、教会に入って、そこから刑務所に行き、それからまた教会に入ってみるとよい。そうすればその答えがわかるはずだ。（2092―15）

人から放射される波動は、物質の中に吸収されるので、それを感じられる人であれば（もちろん能力差はありますが）、それを感知することができます。

波動は、その場所の雰囲気やフィーリングを作り出します。しかし、だからといって自分の波動が場所によって決まるわけではありません。

問1　私はどこへ行けば、最高の波動を出すことができますか。
答1　あなたのいる場所においてである！　波動は内から来るものであり、外から来るものではない。
あなたの内的自己の内に「神との」親しい関係をつくり、それによって、あなたのいる場所には、いつも他の人々に対する、救いと助けと愛とが見出されるようにせよ。（1183―1）

愛と救いと支援は、私たちの手や足よりも、もっと身近な場所――私たちの内――にあるのです。

「天国の家」のような家庭を作るために、人は霊的真理を物質的にこの世の形に表現していきます。

伝統的には芸術が、この象徴的で霊的な事柄を人間生活の中に表す役割を果たしてきました。

問7　音楽や詩、芸術は、世俗の一時的な楽しみでしかないのでしょうか。
答7　それらは造り主の、創造エネルギーの領域に属するものだ。そのように理解しなさい。

人は彫刻や絵画、音楽などを通じて、そこに肉体的な感情や物質的なことを込めるのではなく、一人一人の魂の内にある、有限と無限との間の懸け橋となる、霊的で心的な感情をそこに込めるのである。

（1042—2）

リーディングの教えるところによれば、芸術家の内——この場合は家庭を作る人の内——には、創造的な芸術作品がそうであるように、本来的に善が表現されていくのです。

おそらく家庭は、人のもつ創造エネルギーに対して、最も広範囲の表現手段を提供するという意味で、人の経験し得るものの中で最も複雑な芸術作品だといえます。

私たちは、自分の内的自己がそもそも創造的であるかどうか、はなはだ疑わしくなる時がありま す。私たちは日々に感動と無感動との選択に迫られ、ついつい無感動を選択してしまいがちです。そんなとき、創造的な能力に関する次のアドバイスに従ってみてはいかがでしょうか。

問6　創造的意欲が沈滞気味なのですが、どうすればこの状態から脱することができますか。

答6　前に述べたように、あらゆる点で建設的であり、あらゆる特質において創造的であろうとする理想に、しっかり結びつくことだ。

あなたが主と共に歩み、共に語るなら、あなたの才能・感情・活動が、精神的・霊的・肉体的自己のあらゆる願望を満たすことがわかるだろう。（954―4）

問4　今の時点で、他に何か有益なアドバイスがありますか。
答4　《創造力》の働きそのものにおいて――この人の精神的、霊的な影響力に関連して、豊かな直観力がある。
　この人が内なる声にしばしば耳を傾けるならば、その指し示すところのものはもっと充実し、建設的な経験に一致するようになるだろう。（1486―12）

人は瞑想によって、内なる意識――つまり「自由に接することのできる神」――を求めることができます。
次のリーディングは、私たちの内に備わる創造力に気づくよう促しています。これは特に家庭について言えることです。

　この人が、実践的、具体的活動を経験するには、まず瞑想の力を通して自己の内に入り、体と心を清め、内から現れる至高の創造力と一つになり、同調することである。そして至聖所において――すなわち、あなたの魂の神殿の中、自身の肉体意識の中で――あなたに会うことを約束された主の内に、理想を定めることである。

それによって自己、すなわち真我が、神の臨在に気づくようになる。かくして、日々に出会う同胞との歩みにおいて、あなた自身の将来において刈り取りたいと思う種を蒔くことだ。

なぜなら、あなたの蒔く種が、あなた自身になるからだ！ すべての魂は、同胞を量ったごとくに量られるのである。

主は、かくいわれた。「あなた方がこれらのうちの最も小さき者、我が小さき者に為すは、すなわち我に為すに等しい」(6)と。

心霊能力は魂に属するものであるがゆえに、まず自分自身の経験が創造主に対して活動的であるか、そうでないかに気づくようになる。外的なことからくることではない。というのは、自己が同調していれば、具体的な経験は、その自然な結果として現れるからだ。あなた方は（ラジオのような）受信装置を、送信された波長に同調させるなら、その領域において送信されているもの、振動しているものを受信する。

同じように、あなたの体・心・魂は受信機のごときものであり、あなたの活動、人々に対するあなたの姿勢において、それを発信しているのである。その方向とは次のごとくである。

あなたは自分のやり方で自分で準備し、「まっすぐ」と呼ばれる門から入り、そこにおいて主と会う。肉体は、生ける神、生ける魂の神殿だからだ。それゆえに、あなたが創造主との真の関係を理解しようとするなら、肉体を神聖に保ち続けなければならない。また保ち続けるべきであり、保ち続けられるはずである。

万物を造り給う方を信頼せよ。あなた自身の活動において生じるかも知れない如何なる経験に対しても、あなたが神に捧げ委ねたものを、神は守り給うことを覚えておきなさい。

あなた自身の意識に敏感であれ。自分に対して真実であれ。「霊の実」(7)を結ぶ活動に向かうようにせよ。すなわち、理屈なく親切であれ、優しくあれ、忍耐強くあれ、友情深くあれ、兄弟愛に篤くあれ。

同胞に対するあなたの歩み、行い、理解を証しせよ。それにおいて、あなたは神を顔と顔を会わせるように知るだろう。主は地球の、世界の、宇宙の創造からの記憶をもたらしてくださると約束されたからである。あなたは主がかくあるごとく、太初に存在していたからである。(8)

（261―15）

家族は創造的力を発揮し、創造力の扱い方を習得する上での、きわめて本質的な機会であり、複数の人生が織り込まれ、展開していく場所なのです。

理想がその導き手となっている家庭では、それぞれの人生は調和の内に織り込まれ、展開して行き、最も美しい模様が作り出されます。

あなたの家を、真に天国の家庭を反映するものとしなさい。平安と調和と美と愛が、そこを治めるような家庭を築きなさい！　暗さとか疑いや恐れを生じさせてはならない。

あなたが人との交際や、活動の中に隠し事を持つなら、それがあなたの人生に訪れるであろうものの美しさを台無しにしてしまう。なぜなら同胞に対するあなたの活動の中で、あなたは自分自身に出会わなければならないからである。（633―2）

祈りに溢れた態度をもち続けなさい。それぞれの魂はすべての力、すべての創造力がいと高き一つの源からきていることを知らなければならない。

あなたはその力をどのように使うであろうか。

あなた自身の動機は、肉体の願望を肥大させることにあるのだろうか。それとも、希望と信仰と理解をもたらすことにあるだろうか。（738―1）

訳注

(1) ヨハネ福音書14章3節。
(2) ヨハネ福音書14章17節。
(3) マタイ福音書6章33節。
(4) リーディングはしばしば情報を媒介するケイシーを「経路（channnel）」と呼んだ。
(5) 出エジプト記3章5節。
(6) マタイ福音書25章40節。
(7) 「霊の実」とは人間の徳性を表す言葉としてリーディングがしばしば引用した聖書の言葉で、ガラテヤ書5章22節はそれを「愛、喜び、平和、寛容、親切、善意、誠実、柔和、節制」と定義している。
(8) リーディングという能力そのものがこの言葉を証しするものであり、また、ヨハネ福音書14章26節の言葉を証しするものである。

3章　セックスについて

――性衝動は悪ですか

問6　愛と性生活は、どのようにすれば正しく機能するのでしょうか。

答6　これについては、その概要を述べるだけでも膨大な時間と空間を必要とする。

簡潔にいうなら、これまで述べてきたように、物質的なこと（あるいは三次元世界のこと）は、霊的生活の影であり、反映であるということである。

それゆえ、まず神すなわち創造的影響力が全ての源である。しかして霊的生活、精神的生活、物質的生活における第二の法則は自己の保存であり、性的交わり、性による種の継続、種の繁殖である。

だから、これらのごく根本において、性生活における関係は、自然な結果とすべきであり、それ自体を目的とすべきではない。

その交わりと関係の中で、魂が魂に応え合うところの自然の結果でなければならない。その行為、つまりそのような交わりは結果であるべきだ。

従ってこれらの質問は、神、つまり愛（これらは一つである）は、外見ではなく心をご覧になることを思い出し、よくよく考えなければならない。

しかるに現実生活では、その交際と関係を規定する法律が定められており（これもまた天父と人間の関係を映す影のようなものであり、人はまさに天父の親しき仲間となるべく存在を得、物質形態にもたらされたのである）、人がこの世におけるあなたの活動を見るときには、（性的）関係を規定する法律に従って判断したり、あなたの道徳性、美徳、理解、真理、愛が彼らの判断を左右するものとなる。

それゆえあなたの善が悪く言われないように、そのような規則と規律を固く守ることが必要である。

愛と神は一つであることを覚えておきなさい。性生活における関係は、それに関わる一人一人の経験に現れるものを、どう表現するかに関する個々人の精神的属性の表れであるからだ。

そのような意識がない限り、そうした関係を持つ人々の経験は卑しむべきものとなる。

（272—7）

ケイシーの情報を、情報たらしめている品格が右のリーディングの中に見出されます。物質世界のことは霊的世界の複製、その縮図であること、つまり霊的なことの影や反映であると見なしていることです。このことは性的な事柄についても真実です。

万物は、その存在を創造力たる神から得ています。そして全ての命は、自己保存と種の増殖の性質を持っています。

性的関係は「魂と魂の呼応」による自然な結果であり、それ自体を目的とすべきではありません。性的な事柄に関しても、神はその無限の知恵と愛において、外見ではなく心をご覧になります。同時に、知らず知らずの内に、相手に過ちを犯させないようにするためにも、人は道徳や美徳、理解、真実、愛といった人間が見出してきた最高の徳に一致して生きなければなりません。愛、優しさ、慈愛、神、神の力、創造力など、これらは全て一つです。

性的関係は神の力を肉体に表現する一つの形式になり得ます。性が神の力を表すものとなるかどうかは、そこに関わる人の意識の高さによります。性的表現の可能性を理解し、そこに性的関係を基礎づけない限り、結果は不快なものになってしまいます。

目覚めているときのエドガー・ケイシーは、無意識のときに発揮した能力の恩恵にあずかることはありませんでしたが、性について書き表したものの中に、注目すべきものがあります。それは、ケイシー自身がリーディングを詳細に研究し、性について考察したものです。

リーディング番号［1089］に当てられた一九三六年一月九日付けの手紙の中で、ケイシーは次のように述べています。

「もちろん性は、どんな人の人生においても大きな要素です。性は偉大な人物と放浪者を分け、善人と悪人を分ける境界線のようなものです。性は、人間が本質的に持つ反応力の表れであり、したい放題、好き放題にさせていれば、肉体的にも精神的にも人間を狂わせます。しかし人生において、本来あるべき真実の力に向けられるなら、人を神に近づけるものとなります。これこそあなたが性を扱う上で持たなくてはならない姿勢です……。

あなたは地上に現れている多くのものが性的な営みによって生じていることに驚かれていますが、それこそが地上における創造的生命の表れであることに気づけば、驚くにはあたりません。しかし性が神を表すものの一つであることを忘れ、性を何か別のものに帰属せしめる時、神が私たちとの間に結ばれた約束そのものを否定することになります。」

愛の喜び――全てのものは主の前には神聖である

眠れるケイシーが、肉体的な満足の重要性、正当性を否定しなかったことは、次のリーディングからもわかります。

心や肉体を満足させるものは、タブーとされるべきだということではない。むしろこれらのもの、これらの一つ一つは、あなたの経験において、また同胞に対するあなたの姿勢において、踏み石になるような仕方で、節度をもって用いられるべきものであり、それを躓きの石としてはならない。

（1315―10）

ですから、よりよい人生を求める上で、おいしい食事や性的喜び、芸術の楽しみや肉体的な満足を否定する必要はありません。しかしそのような経験を用いるにあたっては、自分と相手の双方の成長を高めるようなものとすることです。

肉体の持つ欲求は、いずれもあなたの経験の中にあって、その正当な場所を占めるということを覚えておきなさい。これらは活用されるべきものであり、誤用されてはならない。全てのものは、主の前には神聖である。なぜなら、主が人に食欲や肉体的要求を与えられたからである。されどこれらは、神の栄光のために用いられるべきものであって、利己的な方向に用いられてはならない。

（3234―1）

右のリーディングは、肉体的な欲求を満足させることが、人間にとって適切なことであることを教えています。ただし、人間はこれらの欲求を可能な限り創造的で善を見出す方向――究極的には神の栄光を現す方向――に使わなければなりません。

しかし、実体、魂は、どのような意識世界にあろうとも、そこに出現した期間を（1）、、、、自己耽溺に用いるなら、道を過《あやま》てることを気づかせるための教訓、あるいはそのことに気づくための魂の理解力、判断力を得させることが必要になる。

では、この気づきをもたらした最初の原因は何であったか。

それは知識を食べたこと、（2）知識を得たことであった。英知のない知識、つまり魂に属さぬ快楽、満足、充足をもたらすもの、すなわち出現した領域に(1)固有の快楽、満足をもたらすものがそれである。

それゆえ三次元の意識においては、そのような出現が目に好ましく、肉的欲求に好ましいものとなる。それゆえその経験の解釈、つまり神の法則から逸脱したことの最初の気づきは、知識の実を食べるという形で示されるのだ。

誰が、どのような影響力が、このようなことを引き起こしたのか、とあなたは問うだろう。それは、神と一つの状態に留まっている魂達に対して、自らを対立せしめた力であり、対立せしめようとする力であった。

では人間の出現にとって第一原因とは何であるか。

自分を自分として知りつつ、しかも神と一つであることである。

分離した存在でありながら、父と子と聖霊が一つであるように、実体の体と心と魂は第一原因と一つになり得るのである。（815―7）

人が自己耽溺に陥るのは、知恵のない知識をもて遊ぶことの結果です。このような自己耽溺に陥ると、その魂が「道を過《あやま》てる」ことを悟れるよう、学びの経験が必要になります。といっても、それは「怒れる神」が罪人に罰を与えるというようなものではなく、その多くはたいがい、肉体の病気や精神的苦悩という形でその人の人生に現れるということを、多くのリーディングは教えています。

つまり私たち自身の行為が、内的な弱さや歪みを作り上げていくのです。たとえていえば、運動すると筋肉がつくられていきますが、運動不足になると筋肉が弱くなるようなものです。

自分に耽溺する原因は、魂のレベルでの反抗心にあります。「堕ちた」魂は、その存在の本質にかなった歓びを無視して、物質的な形だけを対象にした快楽を求めます。しかし学びの経験を送ることで知恵が育ち、その知恵によって魂の神性にふさわしい願望を満足させる能力が養われるようになります。

次のリーディングは、その性的耽溺がどのような性質のものかは、はっきりとは述べていませんが、おそらくは乱交についての質問に答えたものだと思われます。

問1　性に関するこの人の行動を生み出している衝動と経験の本質は何でしょうか。これを正しい方向に矯正するにはどのようにすればよいでしょうか。

答1　これらについてはすでに述べたような方法によって分析することができる。

それは生理的欲求そのものの一部であるが、その実体が掲げている理想によって抑制できる。

まず第一に、性そのものは創造的であるという概念に立脚しなければならない。それゆえ、性が乱用されるか、それともこれまで示してきた方向に使われるかどうか、あるいは、他の魂が地球に入ってくるための水路を作る相手を選ばなければならないときに、その相手に何を望むべきか、これについては次のように語ろう。

あなたが配偶者として選ばれることを望む場合に、あなたが異性からして欲しいと思うようなことを、その異性に対して行うことである。

（3198―3）

理想を持つことが性道徳にとっては最も大切です。そして、それらの理想は、性の本質が創造的なものであることを認めるものでなければなりません。

性の創造性は、活用されることもあれば、乱用されることもあります。パートナーに対して為す行為が結局は自分自身の身に起きることになるとしたなら、いったい相手に何を為すか――このような態度で自分自身の行動を律することです。

次のリーディングは、性に関する他のリーディングと比べて語調が厳しく、その点で異色のものになっています。しかしながら、そこに語られる戒めは、他のリーディングの中に見出される重要な忠告を代表するものでもあります。

それゆえ、人々に次の如く告げよ。

子供はまだ年若きうちに躾けよ。そうすれば成長してからも主から離れることはないだろう。特権として、財産として受け継いだ性の神聖さを子供に教えよ。もちろん、そこから逸脱することがないようにすることもだが、想いにおいて、行為において、確実に身心を浄化するならば、それは人々にとって、地域にとって、国家にとって、まことに主の到来の先駆けとなるだろう。なぜなら、汝らが身をもって法則を守り、それを神聖なものとして求める者に授ける、これこそが問題であるからだ。

求める者とは誰か？　地球に生まれるすべての子供は、二歳半から三歳までの間に、自分の身心の内に生じる何かに気づき始める。何か違うものが、もちろん動物的本能がそこにはあるが、動物のそれとは違う、人間固有の生物的衝動に気づき始める。これは法則である！　なぜなら、それは人間を破滅させる元凶であるからだ。

しかし、自らを社会秩序の模範たらんとし、教育、キリスト教教義、宗教思想、宗教理念の模範たらんとする汝らは、他の何にもまして性を超えた愛を固く守れ！

天国のような、より高次の世界にあっては、めとることも嫁《とつ》ぐこともないと主は言われた。彼らは一つの如きものだからだ。それでも汝らは次のように言う。われらは地球に生き、衝動を持って生まれていると。だからこそ、気づきは内から生じなければならない。ここに少し、かしこに少しという具合に。

祝福の経路として主の御前に保たれているすべての魂、すべての人間は、「わき上がる生物的な衝動に、私はどのように対処すればよいのでしょうか」と問いかける若者に対して、彼らの心と精神と魂と肉体の内に目覚めをもたらす大きな能力を授かったはずであるし、今も授かっている。

その衝動を、主に対する奉仕において、愛を表すことにおいて、霊の実——すなわち、優しさ、親切、兄弟愛、忍苦——を表すことにおいて清めよ。

これらが果実であり、これら性衝動は、その人を取り巻くさまざまな状況に対して、その人が連想する思いや身体的状態の内に存在する。しかれば、為すべきことを為せ。それによってそれらの衝動は、地獄をもたらすものになるか、内に王国を築くもののいずれかになる。

問1　性の慣習の中で、廃止されるべきものはありますか。

答1　[質問をさえぎり]　他の国々と同様、この国の様々なところで廃止されるべき——廃止されなければならない性の慣習が数多くある。如何に実現するか？　若者を教育することによってのみである！　十代のときではない。というのも、その時には彼らはすでに出来上がっているからだ。

人格形成期にある若者の目や耳に入れられない活動や話があると、彼らは、人間を肉体の形にもたらすあの行為を、いつの日にか、彼ら自身が満足しなければならなくなる。彼ら自身でそれを経験することになる！

それゆえ、言葉と行為によって、人生を清く保て！　衝動は、確かに生来のものであるが、子をこの世にもたらす男女の目的が、神の創造力の美しさと愛を表すことにのみあるならば、その子らにとって衝動は異なったものになる。なぜか？　それが法則だからだ。これが法則である！

（5747―3）

このリーディングによれば、私たちは子供たちがまだ幼いうちに、子供たちに遺産として、特権としてもたらされた性について、その賢明な使い方を教えなければなりません。

人はだれであれ、生物としての性衝動を経験しますが、性についての説明や情報が与えられるなら、人は性に対して、より責任ある態度を持てるようになります。

性の大切さを教えようとする人たちには、困難な課題が要求されます。つまり、自分自身が最善と信じる生き方を生き、性に関する規範を守ると共に、性の大切さを「求める人々」に伝えなければばならないのです。

私たちは、性を超えた愛を教えなければなりません。なぜなら高次の意識世界にあっては、結婚やセックスのような性に基く行為は存在しないからです。

しかし現実の私たちは地球に存在しているわけですから、私たちの課題は、セックスの動機が「霊の実」で清められ、セックス自体が優しさ、親切、愛、忍耐を表すものとなったときに実現するであろう、性の善なる可能性へと目を開かせることになります。

性行為の目的が、創造力である神の美と愛を表すことに向けられるなら、性衝動は、人を利己的にする力とは異なるものになります。なぜなら、リーディングの最後の言葉によれば「それが法則だから」であり、それが本来の在り方であるからです。

願望の成就――思考と願望は明確に異なる

リーディングによれば、人はある転生から次の転生に移る際に、性を変えることがあります。次のリーディングはこの事実について、もう少し詳しく述べています。

問12　この実体は、なぜアラビアの前世で、男性で馬乗りだったのでしょうか。
答12　それはその前の過去生で、この実体が培った願望による。よろしいかな。

この実体がそれまで望み続けてきた特質［を備えた肉体］に入る機会を、その期間に見出したために、この実体はその願望を満たせる者、成し遂げることのできる者に入ったのである。なぜなら、すべての人は次のことを理解しなければならない。

天と地は、創造主がそれを望まれたがゆえに在らしめられたのである。よって、その創造力を受け継ぐ人間は、地のものであれ、天のものであれ、霊的なものであれ、彼らがその願望を創造し、作り出し、願望そのものになることによって、彼らが自身が出会わなければならないものを存在せしめるのである！

そのようにして、男性の活動や女性の活動に、あらゆる種類の変化がもたらされるのである。なぜなら、考えたからといって、人は身の丈に一寸を加えることも、髪の毛一本たりとも変えることはできないが、願望は、そしてその願望を養い育てるならば、宇宙全体すらも変え得るのである！

心の願望に従って、脳の、肉体存在の活動が、それによって造り出されるものを形成するのである。よろしいかな。それゆえ、今回の出現を求めていたこの実体は、今見るような人間に

生まれることで、自分が望んだものを表現できることを見出したのである。　(276—3)

願望に関するこの素晴らしいリーディングは、それぞれの生涯で、私たちが未来の転生を作り上げていくことを教えています。つまり私たちの脳と行為とが、私たちの奥底にある願望を具体的な形に表すのです。

ケイシーによれば、願望は思考とは明確に異なるもので、心の願望は、たとえはっきりと自覚されていなくとも、潜在する力として存在します。私たちの強い願望はついには外に現れます。私たちは心から望むものを最後に得ますが、それは自分が望んでいるつもりになっているものとは異なります。

願望を持ち、育てることで、宇宙全体を変えることもできるのです。

願望は転生から転生へと、私たちの前に展開していく経験を変化させます。

「私が男だったら……私が女だったら……何々するのに」こういう言葉をどれほど頻繁に耳にしてきただろう。彼らはまさにその言葉を実現することになる！

心の中に絶えず想い続けてきたものは魂の中に形を取り、物質世界の男の属性であれ、女性の属性であれ、それを作り上げていくことになる。

なぜなら人は、全体の一部であるがゆえに、神と呼ばれる力と一つになって共に働く者、共に創造する者となるか、さもなくば破壊者になるか、そのいずれかであるからだ。

これらの力が築かれるにつれて、実体の身体によって経験されるものを通して――これは肉体のことではなく、実体の身体、つまり魂のことである――肉体的な形を取るのである。

魂は身体の永続する部分であり、大きい体格か小さい体格（男および女として知られる存在）に詰め込まれる。

これまで何度となく探求してきたように、また、物質世界ならびに霊的世界で生起する原子活動の主要な原理に見られる力の相関性に示されるように、人を取り巻く環境は影響力を持つ。よろしいかな。

よく知られているように、ラップランダー族は、徐々にあのような体格を獲得したのである。なぜか？　それらの人々の置かれている固有の環境、状況、場所において、彼らの最適な成長に必要なものが魂の内に絶えず植え付けられるからである。物理的環境はそれほどの影響力を持つ。

（神との）一体性《ワンネス》についてはこれまで多くを語ってきたが、人は、その一体性を悟るための経験を求めて、その魂の成長にふさわしい肉体と環境に入るのである。

（900―429）

このリーディングは、願望と周囲の環境が、転生の際に入る肉体に影響することを述べています。「あなたは、思うところのものだ」という言葉は、「あなたは、思うような人になる」とも言い換えることができます。

人間は、創造全体の中に不可欠の要素として組み込まれているために、人の為すことはなんであれ、建設的なものとなるか、さもなければ、破壊的なものとなります。

人は、住んでいる土地の地理的影響や家の環境から、絶えず影響を受けています。魂は生まれ変わるにあたって、その魂が「神との一体」を求めるにふさわしい肉体と場所を選んでくるのです。

性交渉――宇宙が与えた自然な結果として

性的関係についてはどのような忠告が与えられるのでしょうか。まずは次のような簡潔な助言があります。

束の間の満足に終わる肉的な願望よりも、霊的、精神的、身体的な願望を培いなさい。

ここでは身体的願望と肉的願望が区別されています。（911―7）

前者はおそらく、肉体的存在としての人間のあらゆる側面を包括的に指した言葉であるのに対して、後者はもっぱら肉体に関する事柄について述べたものでしょう。

肉的な欲求ももちろん否定されるべきではありませんが、助長すべきものでもありません。人の成長は、霊的、精神的、身体的願望によって培われるもので、肉体への執着からは得られません。

問18　夫婦間の性的関係については多くのことが書かれてきましたが、この種の関係は子供を作るという目的がある時にのみ持つべきであるという理解は正しいのでしょうか。

答18　必ずしもそうとはいえない。

これらはもちろん、そのような関係とその種の活動について、個々人がどのような考えを持っているかによる。

もちろんその活動が創造的、霊的な形で用いられるなら、肉的な関係は少なくなる。逆に、建設的エネルギーがそこに欠けるようなら、その時は多くの肉的、肉体的作用に対する願望があることになる。（2072―16）

右の質問は、多くの人が抱く重要な問題であることには間違いありません。夫婦がいつ性行為を持つべきかは、性的関係とは何か、そしてそれはいかに表現されるべきかについて、その夫婦がどのように理解しているかによります。

その関係が、創造的、霊的に表現されるなら、実際の性交渉を求めることは少なくなります。このことは次のように理解することも可能です。すなわち、性が霊的で創造的なものになって行くにつれて、性がもたらす満足はより高く、かつ持続的なものになるということです。逆にいえば、霊的、精神的創造性が麻痺するなら、人はもっぱら肉体の快楽に集中することになります。

本質的に同じような質問に対して、次のような答えもあります。

問９　子供を作るために交わる以外は、夫婦の営みは慎しむべきでしょうか。

答９　われわれが教育について述べたところで語ったように、これはその人に宇宙が与えてくださるところの自然な結果とすべきである。

というのは、ある人々にとっては望ましくても、別の場合には両者にとって非常に悪いものとなったり、どちらか一方だけに好ましくないことになるからだ。よろしいかな。

むしろ、その目的が何であるかを教えるべきだ。つまり情動の充足に向かっていたその力、その生命力を、あらゆる局面において、周りの人の人生に霊的祝福を作り出すことへと集中させることである。

（826―6）

このリーディングの示唆するところによれば、性は人々が利用できる神のエネルギーを供給する一つの形、もしくはそれを伝達する一つの形であるといえるでしょう。ですから、ある人がセックスをどれくらい必要とするかは、その人が自分のエネルギーの供給源を、他にいくつ持っているかによって異なります。

ほとんど性交を持たないでも十分に成り立つ結婚生活もあれば、頻繁にセックスを持つことで両者が共に恩恵を得る夫婦もあります。

あるいはまた、夫妻の間でセックスに対する必要度の違う人達もいるでしょう。

いずれにしろ大切なのは、セックスの回数ではなく、セックスの目的に対する理解であり、その性的エネルギーを、周りの人々の人生に霊的祝福として放射することです。

このような文脈において「肉体の欲望を十字架につけよ」という、リーディングの中に何度も現れる警句の意味が理解できます。

犠牲の神殿において[3]……人間がかつて自らを物質の中に投射した時に身に帯びた影響力の除去が行われた。なぜなら、人間はかつて、動物の交わりにおけるような肉の欲望を満足させようとして、自らを物質の中に投射したからである。

その欲望は、肉に肉を食わしめるが如きものであり、欲望はさらに大きな欲望を求めて増大し、魂そのものを腐敗せしめるに至った。

それゆえ、体の欲望による活動、肉欲による活動を十字架につけ、他者との関係において生じる欲望を十字架につけることができるよう、それらの体に息が吹きかけられたの[5]である。

これらの欲望は、それぞれの魂が自らを犠牲として、祭壇の上に、愛の炎の上に捧げることで滅尽しなければならない。[4]それによって肉を浄化し、再び燃えカスを焼き尽くし、ついには純粋なる魂として、あの至高なる創造のエネルギーと一つにならんがためにである。

（275—43）

このリーディングは、この世の性的な創造エネルギーを、より制限の少ない霊的な創造エネルギーへ変容させることについて語っています。

イエスの地上生活が十字架を通して変容したように、私たち自身の経験の中にある利己的な願望を――おそらくは苦痛と苦悩を通して――無に帰せしめることで、計り知れないほどの力と善が生み出されるのです。

夫婦生活について次のようなリーディングもあります。

> 性生活の理想と目的が互いに一つでないところに、和合はあり得ない。
> 霊的な願望が、少なくとも同じ霊的理想を崇めることにおいて一致しないところに、仲睦まじい家庭は築けるはずがない。
> （808―19）

平和で慈愛と奉仕に満ちた家庭を築くには、性に関する理想と目的が霊的な理想と目的に一致することが不可欠です。夫婦間にトラブルや不調和がある場合、そこから抜け出して前進する一つの方法は、互いに理想を比較し、検討してみることです。

宗教的・道徳的体系の中で検討されるべきもう一つの問いは、次のものでしょう。

問1　婚外の性交渉を持つことは、道徳的、霊的に有害でしょうか。

答1　これは、その人自身が、自らの内より答えを引き出さなければならない問題である。

人の持つ生殖に関する属性、子孫を作る活動は、神の力そのものに由来する。

自己の内奥から来る促しが、常に導き手でなければならない。すなわち「汝が崇める神の御前にて、自らを正しいものとして示すがよい」(6)という戒めの他には、いかなる源からも答えを与えられない。

あなたが人にしてもらいたいと思うことを人に施せ。他の人にその体を清く保つことを求めるように、あなた自身の理解の光に照らして、その体を清く保つがよい。

あなたの肉体は生ける神の神殿なればなり。あなた自身の意識の中で、肉体の神聖を汚してはならない。

(826―2)


ケイシーを通して与えられたこの情報は、婚前交渉あるいは婚外のセックスを、頭ごなしに否定することを避けています。むしろ各人が内からくる導きを求めるよう諭しています。

性は神に由来するものであり、神に認められたものなのです。しかし性は自らの神に対するように、ふさわしい形で、そして相手に対する思いやりをもって扱われなければなりません。

だれの肉体も、創造そのものの本質を宿し、それを祝福する場なのですから、大切なものとして扱わなければなりません。

この実体は、愛はどのような性質のものであれ、正当なものであることを見出すが、すべてのものが良き働きにかなうわけではない。（1632―3）

パウロを彷彿させるこの穏やかな言葉は、あらゆる種類の愛が究極的には善であるけれども、しかしながら、現実の生活においては、社会的な理由から、愛を表現する仕方には制限が加えられることを教えています。

時には、時間的な制限や人としての私達の状態によって、愛を表すことよりも、他の人の演ずる「良き働き」を優先することが必要なことがあります。

全ての愛は一つです。私たちは愛が幾倍にも高められるような仕方で、愛を表現することを選び取っていかなければなりません。

問10　結婚する機会のない男女は、婚外の性的関係を持つべきでしょうか。

答10　これもまた、個人の内にある信条に関わる問題である。

各自の性器官、性的欲求は、生物的衝動の一部として何らかの形で満たされなければならない。これらは今日においては好奇心で始まる。というのも、あたかも春になれば花が咲き、冬になって大気の状態が雪を降らせるのにふさわしい状態になれば雪が降るように、定期的に会ったり、仕事をしているうちに共に惹かれ合うようになれば、男女の間に性的関係が生じるのは自然なことであるからだ。

男性や女性が独身を選択する時（というのも、それは選択でなければならないし、また、選択によってのみ人は結婚における異性との関係から離れるのである）、もし人が性的な関係を持たないことを選択したなら、その選択に忠実であれ。さもなければ、それはその人にとって罪となる！　なぜなら、性的関係を断っているというふりをして、その実、しからざるならば、それこそまさに罪であるからだ！

（826―6）

性的満足が必要になってきたことを示す最初の兆候は、性に対する好奇心に現れます。この好奇心は何らかの形で満足させられる必要があります。

一方、成熟した人間が経験する性的欲求も、何らかの形で充足されなければなりません。男性と女性の間に生じる性的表現は、それがふさわしい状況にある場合は、自然なことであると言えます。

性的関係を持つか持たないかの選択は、その人がどのような人生を生きたいと願っているかに従って、その人自身が決めることです。もし人が独身でいることを選択していながら、内心では性的関係を渇望していたり、あるいはひそかに性的関係に陥っているなら、これによって生じる偽善が、その人だけでなく、おそらくは他の人々の成長を妨げることになるでしょう。

エネルギーのバランス――男女差、性的不一致、恐怖感

次のリーディングは、性的魅力について興味深いコメントを残しています。この人は、その魅力を、イエスの愛を語る機会とするように促されました。

この実体（女性）が黙って大勢の男性の中を通り過ぎるだけで、男性の側にそれを妨げるものがなければ、彼ら全員がこの人の後について行くことだろう。

これはこの実体にとって悩みの種であるが、（この魅力が）適切に活用されるなら、多くの人を助けるものとなる。

さらに自分の肉体に対しても悩みをもたらすものとなる。なぜなら、この実体は人から「口説きやすい人」と思われるからである。つまり、どんな人も、この実体に何かを売ろうとした

り、この人から何かを買おうとしたり、とにかく、あれこれと気に入られようとするからである。その理由は、先ほど述べたことからわかるだろう。

このことを有益な経験に変えていくにはどうしたらよいか。

地上での過去生からわかることだが、この人は生まれながらの教師である。この人は、異性に対して自然な磁石であるのと同様に、同性の間にあっても大きな影響力を持つ。これらの魅力を、イエスの愛を教えるための手段として用いるがよい。

あなたに出会うすべての人に、まず次のように語りかけるのである。もちろん相手に応じて、あるいはあなたの経験によって言葉を変えてよいわけであるが、すなわち、「今日、神に祈りましたか？」という言葉がそれである。あなたの口から出る最初の言葉がこのようなものだと人々が知るようになれば、男性があなたについて来ることもなくなるであろうし、あなたを「口説きやすい女」だと思う男もいなくなる。この言葉を本心から言うことだ。そうすることで、ふしだらな想いを抱く多くの男性に、己の居場所をわきまえさせるだろう。彼らの動機がどのようなものであれ、あなたがそのような言葉を心から誠実な気持ちで語り聞かせるなら、だれも、どんな人も、主の、キリストの御前に立つことはできないことがわかるだろう。それによって、あなたは、仕えることのできる人を引き付けるようになる。

あなたの活動にあっては、常に、キリストの誕生、幼な児キリスト、キリストの修行、キリストの宣教、そして宣教のクライマックスとして、「汝らの中で最も偉大ならんと欲する者は、すべての人の僕となるべし」(7)と弟子達に語られたキリストの最後の行為について、飾らぬ言葉で述べ伝える教師たれ。

他人に仕えるには自分は立派過ぎると考えるような人々をあなたが見たなら、その考え方はどこか間違っているのであり、その魂は萎縮している。彼らは小さき者だ。思い出しなさい。女の腹から生まれたものの中で最も偉大とされた者について、主は何と言われたか。すなわちその人ですら、御国にあっては最も小さき者であると。(8)なぜなら、彼は自らをへりくだり、従順であることを忘れたからである。

(5089—2)

次はある結婚に見られた問題です。

問4　結婚生活において、夫婦の一方が性的な関係を必要としているにもかかわらず、もう一方が性的な関係を望まなくなるという問題が生じたなら、これにどう対処すればよいのでしょう。

答4　互いが一緒に努力して、互いの必要を満たすように努めること、これ以外にない。

(2035—1)

夫婦生活で生じる問題の中でも、特に互いの性的欲求を調和させるという問題を解決するには、二人が共に努力することが求められます。相手が何を必要としているかを互いに理解しようと努め、相手の必要としているものを満たすことで、解決の道が開かれていくのです。

問8　私が性的な関係を持たないようにして来たことは間違っているのでしょうか。禁欲は私を高めるものとなっているでしょうか。

答8　間違っていない。しかし禁欲によって肉体的な恩恵を得るには、あらゆる局面において、精神的事柄と肉体的事柄がよりよく調和するように努め、それと同時に、創造的な力の活動が適切にバランスするように、肉体的自己、精神的自己、霊的自己の内に適切な活動が必要である。（1436―1）

このリーディングは、ある特定の個人に与えられたものですが、ここに語られる原理は、広く一般に当てはまる性質のものです。つまり、霊、精神、肉体のそれぞれのレベルを調和させ、エネルギーをバランスよく表現しない限り、性から肉体的な恩恵を得ることはできないのです。それに加えて、好ましい環境、良好な精神状態が、円満で調和した経験にとって必要です。

瞑想の実習に関するリーディングの中に、次のようなアドバイスがありました。これはどんな性質のものであれ、新しい体験に向かう際の知恵を教えています。

問1　今の時点で、セックスの機能や全体的な健康状態など、何か特定の肉体機能の中で、注意を要するものはありますか。

答1　前にも述べたように、準備が出来ていないと、体内のクンダリーニ活動によって解放された願望や目的は、それらが自己によって認識され、その向かう方向を自己の影響力の下に制御できない限りは、いよいよ強大になって破壊をもたらすほどになるか、あるいは過度に行使されて有害な力をもたらすようになる。（2475―1）

瞑想によって創造力（クンダリーニ）が覚醒あるいは刺激される場合、準備ができていないと、それらの願望が本人を損なうように作用することがあります。

この種の願望に対処するには、それらの願望を認識し、その目的を理解し、それを自分の理想という影響力の下に置くことです。

次のリーディングは、瞑想することで独身生活を貫ける場合があることを示唆しています。

問6　私は瞑想を通してクンダリーニの炎を頭頂、つまり背骨の一番上まで上昇させているでしょうか。もしそうなら、これはセックスを断って修練してきた成果なのでしょうか。

答6　時々は上昇している。しかしその状態を維持するまでには至っていない。維持できていれば、このような混乱期間はないはずである。これが上昇し、肉体の七つの中枢を介して適切に分配されていれば、あらゆる性的欲求が浄化されるからだ。

　というのも、このような出口によってこそ、人は独身を達成するからである。維持されていないということは、変化を示している。（2329―1）

次のリーディングは、性的な経験で、多少なりとも頻繁に起こる問題を扱っています。

　この人は性生活の面でとても感情的に高ぶる人だ。

　これは誤用されるか、善用されるかのいずれかである。なぜなら、この人は自分の感情の大半を物質的な活動に向けて表す傾向があり、現在のところ、そのことがこの人を不安定にさせている要因の一部になっているからだ。

　しかしながら、それらの感情をもっと霊的な洞察に振り向けるなら、この人の精神性と判断力は高まり、より高い理解と向上をもたらすようになる。

他人との関係に関して、多大の混乱となるか、さもなければ深い満足となるものを、自らの経験に持ち込む能力がある。

（2054―2）

性的な事柄に関して極端に感情的であることは、多くの場合、障害となります。しかしその強い感情が、より高い霊的理解に向けられるなら、人を成熟させるものになります。

問7　夫はここ数年、性的に不能な状態にあります。

私が生き生きとして積極的に家事と仕事をこなせるよう、だれか信頼できる独身の友人と性的関係を持つことは望ましいことでしょうか。

これに関するアドバイスをお願いします。

答7　このような質問に対する答えは、あなたの理想が何かということの内にのみ存在する。理想を持ったなら、その理想に向かって努力しなければならない。

助けを求めて、そのような関係を持つ人を非難することはできない。しかし、それが個人の利己的な満足を求めるものであるなら、それは罪である。

（2329―1）

ここでもまた性的な問題については、その人が最善であると理解するところのものによって導かれなければならないことが語られています。ある特定の行動の善悪の判断は、その外的な行為にあるのではなく、それらの行為の内的な動機にあるのです。

問1　私の夫はとっても優しく、忍耐強く、私のことをよく理解してくれています。でも結婚して八年になるにもかかわらず、私はいまだにセックスが怖くて仕方がありません。これは何が原因なのでしょうか。どうすれば克服できるでしょうか。

答1　その原因や時期を知ること、これは精神そのものの内で克服されなければならない。すでに述べたように、交わりに対する願望や、親交、情愛、愛に対する願望などをわき上がらせるさまざまの方法、手段がある。あなたの伴侶と共にそのような方法、手段を選ぶとよい。（2762—1）

セックスに対する恐怖心は、精神的なレベルで克服することが可能です。夫婦が共に努力するなら、性欲を高める方法を探すこともできれば、親密な交わり、情愛、愛といった他の次元の関係を高める道を探ることもできます。

生理不順に関するリーディングの中で、次のようなアドバイスが与えられました。

この人の場合、腺系が乱されている。

肉体的にも精神的にも霊的にも健全になるように体内のバランスを取るようにすれば、肉体的なバランスが正常になるのはもちろんのこと、これまで示してきたように、性の美しさを表現する出口が与えられる。

セックスを単なる肉体的な表現とみなしてはならない！

しかるべき観点から見るなら肉体的表現の中にも、それ自体で美しいものがある。しかし、精神と魂によって導かれるなら、美しさを表すことは、健康で健全な肉体にとって健全な表現となる。

(1436―1)


肉体、精神、霊のそれぞれのレベルのバランスが取れていると、それだけセックスの美しさを表現しやすくなります。

セックスを肉体的に表すことは、それ自体で美しいものになり得ますが、精神と霊によって導かれることによって、より美しいものになります。

問3　健康であれば、老齢になっても性的能力を維持できますか。

答3　これはもちろん、肉体活動、食事、それに胎児期の影響、さらに性を誤用したかどうかに関わる。

この人に関しては、われわれが見るところ、もしこれらの状態——食事や環境の状態、正常な運動——に関して配慮がなされているなら、性的能力はこれからも数年間は持続するはずである。少なくとも、性的活動から恩恵を得られる間は大丈夫である。（816—8）

老齢にある人の性的活動に影響を与えるものには、健康状態や食事、環境、前世の影響、節制、性の恩恵など多数の要素があります。

さまざまなコンディションに気をつければ、老齢になるまで性生活を維持することは可能です。しかし最後の一節は、私たちの人生において、セックスにも限度があることを示しています。

問1　一夫一婦制は、家族制度として最善の形態でしょうか。

答1　教訓をもっと霊的意図に向けることだ。一夫一婦制であれ、一夫多妻制、あるいはそれ以外の形態であれ、各自の内にある霊に応えるものとすべきである。

とはいえ、聖書に示されているように、もちろん一夫一婦制が最善である。すべてのものは一つでなければならないからだ。一つに結び合ったものは、常に一つであるべきだ。

結婚の習慣が異なるにしろ、大切な点は、夫婦関係と共同生活の目的にあります。霊が霊に応じるためには、一対一の関係を継続することが最も理にかなっているといえます。

（826—6）

問1　私は性的欲求が弱いのでしょうか。

答1　性欲が弱いというわけではない。むしろ肉体のその機能に関して、ある状況である方向に反応しない精神的側面を考察して見ることだ。しかしこの人も、ある特定の環境やコンディションの下では肉体機能が反応することにしばしば気づいている。反応できる状態と、反応できなくなる状態を自分でコントロールできるようになることだ！

（5439—1）

このリーディングは、性的な反応が精神状態の結果であることを教えています。ですから自分の性的欲求を高めるものと、それを抑制するものの両方を理解して、それらを自分でコントロールできるようになることが大切です。

結婚生活の中で、時折、禁欲すると、他の面における創造性を刺激する上で効果があります。

問3　健康を増進する上で、禁欲することは、私にとって望ましいことでしょうか。
答3　これは組織の自然な効果であるから、この人が時折禁欲することは望ましいといえる。消耗し、疲労した機能は、休止し回復させるべきである。　(642—2)

次の夫婦の場合、その問題の原因の一部は、無限の創造性に向けるべきエネルギーを、恐れという袋小路に向けている肉体的な状態にありました。


問17　私たちの性的不一致の原因を教えて下さい。

答17　これらの状況は、双方の肉体に存在する状態によって強調されている。

人生における性の要素を、自然が促す通りに享受したり、用いたりするより、それを恐れたり、嫌悪するようにしている。双方で次のことを熟慮すると良いだろう。

性は、この物質世界において、創造的なるものそのものを創造する経路であり、そのための身体器官――これは精神的なものであれ、霊的なものであれ、あらゆる創造エネルギーをこの物質世界に発現させるための中枢であるが――にも同じことがいえる。

これまで述べてきたように、性のこの力が、精神的な力によって発動され、引き上げられると、その力はその人の人生に愛の影響を与える形で現れ、それと同時に、肉体的願望を満足させるようなものとして発現する。

それゆえ、ここで述べられている二人の間にある不一致は、あらゆる創造力を二人の間で調和させることが出来ないようにしてしまう。なぜなら、性生活が人生において大きな影響力とならないような人間はだれ一人として存在しないからだ。

肉体的な行為の満足だけを求めるのではなく、むしろ自分の創造的な力、創造的な能力を表現する方法を見出しなさい。

問18 私は、どうすれば恐怖心をなくすことができるのでしょうか。私の潜在意識がもっと安心できるようにするには、どうしたらよいのでしょうか。

答18 サイキックな力、つまり潜在意識の創造的エネルギーをもっともっと活用してみることだ。そうすれば、おのずからもっともっと肯定的になり、否定的な傾向は少なくなっていく。

まずはじめに、放射活性装置(9)を使って低い電気的波動を体内に放射する時に、睡眠――真の潜在意識の自己――が魂の活動を掌握する過程で、内なる自己が何を経験するかを注意して観察することである。

そうすれば、ちょうど精神分析医がその人の成長過程のどの経験がその人の人生を妨げてきたかを明らかにするように、自分の心のどこに——いわゆる——劣等感があるかがわかるようになるだろう。これは潜在意識の自己の活動であり、潜在意識の心の活動ではない。これは潜在意識の自己であり、厳密な意味での潜在意識の心ではない。

この人はむしろ抑圧されて来たところがあるが、それを外的な力に頼らずに、自己の内にある創造エネルギーの活動によって目覚めさせるにつれて、より多くの自由を内に感じ、肉体の心の能力、霊的な心の能力、肉体的な身体能力、これらがいよいよ創造的で建設的なものになり、この人が努力を傾けるあらゆる分野で発揮されるようになる。なぜなら、この人は肉体的にも精神的にも多くの能力を持っているからだ。

この人は肉体的にも精神的にも建設的になることができ、自由を獲得するにつれて、人に与えることができるようになり、人から与えてもらうことを要求することはなくなっていくだろう。

(911—2)

生命の本質的な原理の一つは、それ自身を再生することであり、性は人間の生命を生み増やすための方法です。

性器は、精神的領域や霊的領域からの創造エネルギーを、物質領域に表現する経路として働く中枢です。

性欲がある時には、肉体的な快楽の他に、精神レベルで愛を表そうとします。しかし二人の間に性的な不一致がある時は、互いのエネルギーの流れを妨げます。

これらの性的エネルギー、創造的エネルギーを十分に発揮することは、どの魂にとっても最も重要な課題です。これらのエネルギーは、性交によって表されることもあれば、その人の創造性や能力という形で表現されることもあります。

性的不一致は、魂の持つ優れた意志力を、潜在意識のレベルに働きかけることで改善されるかもしれません。

この人のリーディングでは、放射活性装置を使用することと、夢の研究が勧められました。自分で夢を研究することで、あたかも精神分析家がするように、現在の苦しみの元になっている過去の経験を掘り起こし、それに対処することができるようになります。

内なる神の力を奮い立たせることで、自己のあらゆる創造的能力が刺激されます。そして、内面的な自由が培われるにつれて、相手に与える能力が高まり、相手から要求することは少なくなっていきます。

次のリーディングは、その夫婦間の問題がどのようなものであったのか、その具体的内容については明示していませんが、夫婦関係におけるバランスについて述べています。

問6　彼女は夫に対してどのような態度を取るべきでしょうか。
答6　ただ義務的に我慢するのではなく、相手にとって助けとなるような態度を取ることだ。二極で構成される世界ではどんなところでも、一方はもう一方にとって同じだけ必要なのである。覚えておきなさい。原子の中においても極性が必要なのである。
もし極性がなければエネルギーはすぐに尽きてしまう。それゆえ、精神的部分と肉体的部分における身体の結合は――生命の要素を再生させるために――互いに必要なものとなる。時には、二人が極性として存在する必要もない状態が生じることもあるが、しかし、互いのより良い、より大きい、より広大で、より高い成長のためには、これらが互いに必要である。
（5439―1）

人が円満にして完全な成長を遂げるには、一対のものの片方は、磁石の極のように、もう一方にとっても必要なのです。夫婦関係にひずみが生じた時には、相手のことを我慢しようとするだけでなく、夫婦は支えあうことによって成長するものであることを理解して、互いに相手の役に立とうとすることが必要です。

性は、人間の経験の内により大きな霊的目覚めが生じ、性的側面が生物学的にも、社会学的にも、さらには経験論的にも、より大きな目覚めをもたらす踏み石にならぬ限りは、そしてまた、（人間を地上の肉体に封じ込める第一原因をその身に取り込んだ）[10]個々人の生物学的衝動を満足させるものとしてではなく、人間の経験の内において、種の再生のための大いなる創造力を行使するというものとならぬ限りは、（性は）常に問題となり、またこれからも問題であり続ける。

（5747―3）

人間としてのトータルな経験の中で、性は「高い霊的目覚め」を促す上で必須の要素ですが、しかし性と同じくらい重要な要素として、霊的な知恵があります。霊的な知恵、これは神の意志と言い換えることもできますが、これが性的な体験という試験場で発揮されるとき、私たちの性的側面は必ずや賢明に用いられることになります。

同性愛——地上における生殖の目的を理解せよ！

人間の性的側面について考察を徹底させようとするなら、同性愛の問題を避けて通ることはできません。いろいろなリーディングを調べてみると、同性愛の原因には、病理学的・心理学的なものと、カルマ的なものの両方があることがわかります。ですから肉体的な療法と、さらに精神的・霊的な指導が与えられます。

次のリーディングは、同性愛に悩んでいる人はもちろん、一般の人にとっても、この問題に対する理解を促すものになるでしょう。

この人は、肉体的な構造に障害があることについて、またそれが明らかに精神にも現れていることについて、またそれらが基本的に胎児期の影響であることについて、あまりにも責めている。

大いなる生命が物質世界にどのように現れるかということについて、また生命の活動を促す霊的力について、これらが適切に理解されるならば、これらのことは万人によってより良く理解されるだろう……。

この人自身については、次のように語ろう。

責めてはならない。自己の内にある能力に自分を閉ざしてはならない。責める自分から解放される状態を自分の内に現せる機会に対して、自分を閉ざしてはならない。むしろ、あなたの内に存在するそのような障害の下にあっても、どのような経験や状況にあっても、人々の間に注がれる愛をよりよく現すという機会と特権を生かすようにしなさい……。

あなたに対する主の道を求めよ。それは、罪や過ちが存在することを否定することではない。なるほど、罪や過ちは神に属するものではない――ただ神の子らが利己主義から、人の魂の経験に過ちをもたらしたのであり、そのために、天使と大天使は神の満てるところから離れているのである。

なぜなら、神は、その恵みによって、物質次元にあるすべての者の心に、自分の存在領域での経験を分かち合えるような仲間を求める願望を与えられたからである。

もしその時に、貪欲や悪意、憎しみ、利己主義、不親切、邪悪が現れるなら、その果実は、争いや闘争、憎しみ、悪意、光からの離反となる。なぜなら神の光から顔をそむけた人々には、陰や闇しか見えなくなるからである。そして光は遠く離れた人のみを照らす。

しかし、もしその魂が、キリストを通して地上に現された愛の神に向きさえするなら、この人生においても、新しい誕生という光と栄光を見ることができるかもしれない。

どんな人も、罪のうちに生まれるというのは、部分的な真理でしかない。自分自身の意識の中で人を裁くならば、それを自分自身の肉体において見出すことになる。

人を裁くということについて、主イエスはどのように教えられただろうか。

だれかが道徳的な掟や、肉体に関する掟、霊的な掟を破り、主を試みるためにその人物が主の前に引き出されたとき、主はどのように教えられたであろうか。

主はいつも次のように答えられた。「天の父によらずしては、あなた方は私に対して如何なる権威も持ち得ない。[11]」わが父がその子を置き去りにすることは決してなく、むしろ子らを救う方が生きていることを彼らに知らしめようとされる」と。

主の光、主の命、主の愛、これが隅々まで清めたもう！

主は、姦淫の罪によって引き立てられた婦人に対して何と言われたか。「私もあなたを裁かない。これからは罪を犯すなかれ[12]」と。

主はその女性に対して、いかなる道徳的掟も加えず、むしろ彼女の人生の中で、光から遠ざかるような、あるいは光を闇に転ずるような、肉体的な行為について、彼女の魂の内にその意識を目覚めさせられたのである。

そして光を求める人々の間で、彼女のことが知られるようになるにつれて、彼女の人生は、多くの人々を理解に導くものとなり、そして今なお、多くの人々に、命と光と理解をもたらしているのである。

それゆえ、あなた自身の内に神の霊があることを、あなたの魂があることを覚えておきなさい。あなたの内にある神の力、聖なる権利を認めさえすれば、霊が命を与える。（479—1）

性教育に関するリーディングの結論部分を示す次の抜粋は、性に関するどんな教育も、性的側面をその真の源という視点に立って、誠実に考察するよう、私たちに注意を促しています。

性的関係に関する教育においては、他のいかなる教育活動においてもそうであるように、方針となる基準あるいは規則というものが必要である。あるいは、肉体の感情に基点を持つようなそれではなく、人間の《創造力たる神》に対する関係として定められ、今なお定められているところの、霊的理想という観点から教えられるべきである。どのような質問、探求、助言、示唆も、それから外れたならば、そこに示されるものは真実ではなくなる。
（826―6）

最後に、多くの人々の心に浮かぶ疑問に答えるために、性の目的に関する次のリーディングをもって、この章を終えることにします。

問2　イエスが、ヨセフの通常の仕方による息子でないとしたなら、イエスほど神聖な生まれ方をしていない普通の人々は、いったい主と同じ完成に到達することができるのでしょうか。

答2　おお、人の子らよ、地上における生殖の目的を理解せよ！　そして、自分自身から始めよ。すなわち、聖なる魂を地上に導く水路にならんと欲するならば、その水路を作り出す活動において霊的理想を堅持せよ！　なぜなら、主は道であり、主はすべての人にその道に従うことを求めたまうからだ。

二つの魂が一つの目的に結びつくならば――地上に属するものを満足することでも、地上の衝動や欲望を満足させることでもなく、魂が通ってくるところの水路として用いられることを目的とするならば――命を与えるものが地上に導かれるかもしれないのである。なぜなら、すべての人は主がそうであったように、引き上げられなければならないからだ。

しかし、自然な形で入ろうと、主のように自然を超えた形で入ろうと、すべての人はいつか、主が入られたような目的に、一者《ワンネス》（の意識）に入ることになる。

問3　それはつまり人間がいつか、マリアがなされたのと同じような仕方で、他の魂を地上にもたらすようになるという意味でしょうか。

答3　魂はいつか、マリアが為したのと同じような仕方で、他の魂を地上にもたらすまでに進化する。

そのような状態は、男性と女性がもっと、これらの水路、肉体というこれらの神殿が、真に生ける神の神殿であることを自覚し、魂の父である神との交流のために、その神殿を用いるようになるにつれてやってくる。

（1158―5）

訳　注

(1)　ケイシーによれば、われわれの本体である永遠不滅の魂は地上における肉体的人生の他に、転生と転生の間には別次元の意識領域に霊的存在として滞在するという。それらの意識領域が太陽系内の惑星に呼応していることから、転生間に別の意識領域に出現することを「転生間惑星滞在」と呼んでいる。

(2) 創世記2章~3章参照。

(3) リーディングによれば、紀元前一万年頃の古代エジプトには、人間の霊的進化を促すための三つの神殿が存在したという。それらは犠牲の神殿、美の神殿、秘儀の神殿と呼ばれ、このうち犠牲の神殿では当時の人間に残っていた獣性を浄化するための手術や訓練が行われたという。

(4) レビ記1章にはモーゼが定めたとされる「焼き尽くす捧げ物」が細かく記述されているが、祭壇に捧げられる犠牲の動物とは、われわれの内にある獣性を示し、それを焼き尽くすとは、われわれの内にある獣性を滅尽し、浄化することを象徴するものであることを、このリーディングは示唆している。

(5) 創世記2章7節およびヨハネ福音書　20章22節参照。

(6) 第二テモテ2章15節参照。

(7) マタイ福音書20章26節ならびにヨハネ福音書13章参照。

(8) マタイ福音書11章11節参照。

(9) エドガー・ケイシーがリーディングで製造法を与えた一種の波動調整装置。ケイシー存命中には放射活性装置と呼ばれたが、放射能との連想を避けるために、現在は「インピーダンス装置」と呼ばれる。

(10) ケイシーによれば、本来、霊的領域に存在していた霊的存在たる人間は、物質世界で進行していた生命活動に魅せられ、肉体に魂を投射するようになったという。そしてついには魂が肉体に捕らえられ、封じ込められるに至ったという。

(11) ヨハネ福音書5章参照。

(12) ヨハネ福音書8章11節参照。

4章　子供を育てる

――生まれてくる魂の目的は何ですか

すべての誕生には、常にあの大いなる可能性、大いなる栄光――すなわち、人が神の道に戻れるよう、神の人を再び地上に招き入れるという大いなる可能性――がある。　(262―103)

右に引用した言葉は、親たることの意義についてリーディングの根底に流れる理念を示しています。つまり、どんな誕生にも、キリストの霊をこの世に導くという素晴らしい可能性があるのです。

人が物質世界の経験に入ってくるのは偶然によるものではない。魂をこの世に送り出すための経路を作り出そうとする心と心の結合があり、また、それを作ろうとする二人の願望ゆえに

それを求める魂がいる――こうして、その機会がもたらされるのである。（1981―1）

人間の魂が地上に転生するのは、偶然でもなければ、行き当たりばったりの出来事でもなく、さまざまな要素が組み合わさった結果であると、リーディングは繰り返し述べています。

魂は、どのような両親の元に生まれるかによって、自分の人生の大筋を選んで来るようです。

あなたは――その時の人生の後半で――マリアの息子がこの物質世界に生まれた時の、まさにその生まれ方そのものが、どのような自由を女性にもたらすか、その意義に最初に気付いた人々の中にいた。

このような経験があるために、今回の人生でも、男女の関係が有する意義を高く称揚する力がある。それは、いかがわしい関係を許すということではない。むしろ、魂をこの世に送り出す経路を作る行為に必ずや伴うべき、心に湧き上るあの愛を示すことである。

それは、物質的な欲望、この世的な欲望、肉体の欲望を肥大させるのではなく、自分たちの血や肉を、魂をこの世に招き入れるために与えることである。

このことを知れば、ふさわしい経路となるためには、過去生での訓練がそうであったように、ある種の訓練が必要であることを自覚するだろう。その時の訓練では、他の選ばれた者と同様、適していたが故に、身体的に適していた故に、また、あなたの父と母も、そして彼らの父と母も適していたが故に選ばれたのである。

（1479—1）

適齢期になったからといって、それだけで親たるにふさわしくなるわけではありません。そこには準備や訓練が必要です。

親になろうとする人は、愛に生きることで、自分自身が心身ともに、魂をこの世に送り出すにふさわしい経路となる準備をしなければなりません。

このようにして、現在のこの実体は家庭を築くことができる。そして来たる年の始めには、家庭の基礎となるもの――つまり子供――を持つことになるだろう。これによって真の家庭の基礎となる自覚がもたらされる。

それは、精神的安らぎとなっている多くの事柄に影響せざるを得ない。なぜなら、子供を持つということは、子供に対するあなた自身の責任だけでなく、それぞれが個人として、そして二人で共に負うべき責任をもたらすからである。

真の家庭を築くには、互いがその自覚を持つことが必要である。

（818—19）

家庭に子供がいると、霊的な意識を呼び覚まします。

天国の家庭をこの地上に反映させ、それをあますところなく経験するには、子供は家庭の基礎となります。

しかし子供がいれば、家庭は精神的にも物質的にも負担が増えます。親になろうとする夫婦は、そのことは自覚しておかなければなりません。

魂の流入――引き寄せる環境の形成

受胎時の細胞核の中に、可能なすべてのパターンがある。覚えておきなさい。

人は――人の魂、人の肉体、人の精神は――あらゆる創造の中で、最も無限に近いものとして創造されたということを。

それゆえ、魂をこの世に招き入れるための経路となろうとする者は、神の力そのものを手にしているのである。それは動物や昆虫や他の被造物と同じではない。それらの生殖には常に限界があるからだ。

（281―55）

人間は限りなく無限な存在であり、可能なすべてのパターンが受胎時に備わっているのです。ですから、親となることで創造に参加しようとする人は、「神の力そのもの」を動かすことになります。しかし、受胎時に作られるパターンによって、その子の人生が確定されるわけではありません。

受胎のときに両親によって作られたパターンは、大まかな状況を設定するだけである。それがすべてを決定するわけではない。なぜなら機会を与えられた個々の実体は、両親の結合によって設定された問題にどのように取り組むか、その自由意志が与えられているからだ。とはいえ、もちろんその結合こそが、魂がこの世に現れるための経路、機会をもたらすのであり、魂を引き寄せるのである。

（5749―14）

夫婦はどのようなタイミングで妊娠すべきなのでしょうか。

キリストにあってそうであったように、人々を通して栄光を顕し給う「命の与え主」があなたに委ねられた務めを果たすことで、あなたの心と体、そしてあなたの配偶者とその心が浄化されたときに、妊娠が起こるべきである。

これが十二月になろうと三月あるいは五月になろうと、あなたが心と魂を開き、肉体の浄化がなされたとき、その時こそ、主があなたを通して主ご自身の者達をこの世に送られることを求めなさい。

主は体を準備されないだろうか？　あなたは、あのハンナ[1]が主の御許から子が授かることを、そして、その子が生きている間は主の喜びとなることを祈り求めたことを読んだことがないか。それによってハンナは夫のみならず、民族に対して、世界に対して祝福をもたらしたのである。主は道を備えなかっただろうか？　誰が否と言えようか？　（457―3）

ローマカトリックの教義では、マリアを生んだ母親の受胎を指す無原罪懐胎と、イエスがマリアに宿った処女降誕との間に明瞭な差を設けています。おそらく次の質問者は、この違いに注意を払わなかったようですが、それでもこの質問に対するケイシーの言葉は、輪廻転生の仕組みについて私たちの理解を深めてくれます。

問7　無原罪懐胎について、私に許される範囲で教えて下さい。

答7　地上に現れた人々がその目的を聖化することで体を浄め、そこに霊が顕現したように、霊は、（あたかも鳥がヒナを孵すように）その体そのものを孵化させるようにして、霊が地上に現れるための体に肉の臓器を与えるのである。

（聖書に）与えられている型を思い出しなさい。まず、主は地上にあったすべてのものから作られた⑵。それは造り主の一部である魂を入れる器としてである。しかし死による分離を味わった。

次に、造り主の想念から生み出された経路たちが一つになることで主が誕生された。そのようにして出現したエノク⑶は死を——死は不服従の結果であるが——免れるほどの存在となった。

主は（次の転生では）他の肉体によらず、他の心にもよらず、ただ自らがそれを欲することによってメルキゼデク⑷として現れた。ご自身を物質化し、そして同じようにして物質世界から姿を消されたのである。そうして、母親の聖化によってもう一方の魂、自己の部分が出現したとき、あの期間が再び体において完結された。初めに出現したのと同じ命を与える力によって、自己に会ったのである。

それゆえ周期であり、輪である。それゆえに、輪という象徴は、魂が形を取り、現れることの経路を表すものとなるのである。（2072—4）

自分の人生を聖なる目的のために捧げる人々がいれば、キリストの霊はただそれを欲するだけでそこに物質的な体を作り出すことができるのかもしれません。このような物質化はいくつかの異なった方法で過去においてなされ、そしてそれは今も可能なのだと思います。

まず原初の人間は、「地上にあったすべてのものから作られた」のであり、それは造り主の一部を入れる容器としてでしたが、まだ死を免れることはできませんでした。

次に「造り主の想念から生み出された経路たちが一つになること」、つまり男性性と女性性が結合することで誕生が可能になりましたが、エノクの生涯が示すように、死を味わうことは必然ではなく、ただ不服従の結果として、死を受け入れなければならなかったのです。

メルキゼデクの例では、自らが欲するだけで魂の乗り物としての肉体を物質化し、そして同じように物質界から姿を消しました。

もっとも新しい輪廻の方法は、キリストの霊が、完全に聖化された母の内に自らを認知し、創造の太初に持っていた創造力を使って宿ることで可能になりました。輪はこの周期を象徴するものです。

子供を生むことを望む人たちは、偉大な魂をもたらすことに大きな働きをしているといえます。

覚えておきなさい。人は、瞑想したり、祈ったり、求めることで、偉大な魂をこの世に招き入れるための環境を作り出しているということを。

なぜなら、妊娠期間には、生まれ来る子供に対して責任を持つ人たちの態度や、子育ての務めを引き受けようとする人たちの姿勢が、彼ら自身にとって、また他の人たちやこの世界にとってすら祝福となり得る偉大な魂を招き入れるかもしれないからだ。

昔からいわれているように、この世に子供をもたらす人々はまことに祝福された人々である。


（540—7）


子供は何歳くらいから教えたり、しつけを始めるべきだろうか。

妊娠の何カ月も前からだ。

その影響力は完全なる賜物の与え主に全く属するものである。


（5752—2）


妊娠中には、両親は瞑想したり祈ることで、偉大な魂を招き寄せるような精神的環境を作り出すことが大切です。

また、特定の誕生に引き寄せられる魂は、誕生後に自己意識を持ち、それを発達させていきます。

この人も最初は、願望が一つに結び合う結果として生み出された一つの細胞として始まったのであり、そこにもたらされた活動から成長が始まったのである。

物質性への誕生に際しては、意識は徐々に心と体と魂を取り巻く周囲の影響力を自覚するようになり、ついには、意識それ自身の内において、願望、希望、恐れを再生する意識の能力に達するのである。

創造の全ては、自己の意識によって制限される。その影響力と力は、霊の自己である。

（1947—3）

次のリーディングは、親として子供を待ち望む姿勢、やって来る魂の選択、人生の目的、そして子供のしつけなどに関連したテーマに触れています。

ある人たちが述べているように、ハイアラーキー（霊的階層組織）は地球での経験を通して魂が進化向上することを忘れているわけではない。それゆえ、そのような（ハイアラーキーの干渉による）霊的進化が稀だというわけではない。しかし、より自然な霊的成長は、そのような魂をゆだねられた人たちの交流や祈り、献身を通して行われるものである。

なぜなら、これまでも述べてきたように、生まれる機会を求めている実体の側に、ある種の選択があるからだ。この物質世界、物質性の中にあっては、しばしば自らの霊的意義を否定するような仕方で躾けられたり、教え込まれている。

魂がこの世に入ってくるのは霊的成長のためではないだろうか？　ただ単に物や心や肉体の充足のために生まれてくるのだろうか？　道であり、我らの手本であるキリストにあっては、これらの体と心と霊の側面は常に一つのものとして捉えられる。イエスの母は充分にこれらのことを心にとどめ、思いめぐらされたのである。(5)

これが全ての親に対する戒めでないとしたら、他にどのような意味があるだろうか？　成長過程にある子供の感情から発せられる言動についてよくよく熟慮せよ。聖書にあるように、彼らを進ませるべき道に躾けよ。そうすれば大人になって道から外れることはないだろう。

（1521―2）

女性性について述べた言葉が、ライフシール（その人の魂の記録書であるアカシック・レコードの表紙に描かれている、その人の魂を象徴する図柄）に関するリーディングの中にあります。このリーディングは地球で生きる上での女性の役割、任務、立場を明らかにしています。

これらの言葉が「本来魂に性別はない、魂は男性として生まれることもあれば女性として生まれることもある、個人の人生はその目的と環境によって大きく異なる」と主張しているケイシーの、同じ情報源から発せられた意義を充分認識する必要があるでしょう。

問9　[3051]のライフシールには、どのような意味があるのですか。また[3436]はシールを持っていますか。

答9　われわれはそのような組み合わせを持っていない。[3436]のライフシールは持っていない。これらのものは男性の経験の中にはあまりない。
というのも、女性の心は一般に変わりやすいが、真の願望と目的は、男性よりも女性の方が正しく保っているからだ。したがって、ライフシールは女性が太初に創造されたところの能力と活動についてのものであり――伴侶として、肉体的な意味で魂を出現される母として、また、その魂を育てるものとしてである。
したがって、理想はライフシールによって定められる。

（3051―4）

つまり、ある一つの人生で、女性の本質を経験し発揮するには、伴侶であり母親であることは充分なものとみなされるかもしれませんが、それが必須だというわけではありません。

肉体的な準備については、次のようなリーディングもあります。

……自らを心身共に準備しなさい。準備が整えば、魂を送り出すための経路と手段が自然に結果する。

このことは、主が地上に生まれるための経路として選ばれた者たちがどのように準備されたかを知ることで、あなたにもわかるだろう。覚えておきなさい、すべての者が選ばれたわけではないのである。(6)

では、選ばれた乙女と比べて、他の乙女たちは心身の恵みが少なかったのであろうか？　目的を試みることは、それのみで義なる行為として数えられる。それはまさに今、この人生で示されている通りである。

この実体は、過去生で実を結ばなかったところの経路となるという内なる目的を実現するならば、それを今回の人生で見出すであろう。

無理に実現しようとするのではない。子を期待し、子を望むあなたの心と体と思いから湧き上るものを表現することだ。

（1968―5）

主が地上に入られるための経路となろうと試みることは、それ自体が称えられるべきことです。

すべての人が選ばれるわけではありませんが、準備を怠らず、喜びをもって待ち望みましょう。

問5　どのような気持ちや態度でいれば良いか、アドバイスをお願いします。

答5　喜びに満ちあふれていること。子供に対して望む性格や傾向を期待する気持ちでいることだ。

神の愛を地上に現すための経路になりつつあることをあなた自身がよく自覚するとともに、あなたの伴侶にも同じ気持ちがなければならない。義務や他人から課せられたものとしてではなく、主に仕える機会としてである。

そのような態度、瞑想や準備期間の祈りの姿勢は、あなた自身を良い状態にするだけではなく、あなたの子供の性向が望むようなものにより一致するようになる。（2635―2）

神の霊の働きによって自らの内に命を与える力が臨んだことを自覚した主の母が(7)、その時にきっと抱いたであろうあの意識に、あなたの心を合わせなさい。

すなわち、「私のこの肉体を、今この時にも清め、父なる神が、私の内に、私を通して、大いなる命、肉になる神ご自身を現し給うにふさわしいものとして下さい。私の体を通して、私と共にある主の臨在に気づかせて下さい。願わくば、より大いなる祝福、大いなる知識、大

いなる愛、大いなる希望をこの世に表すための経路を、私がこの世に与えられますように」と。（1523—8）

問7　これからの数ヶ月間、私はどのような精神的態度を保てば良いのでしょうか。
答7　それはどのような性格の魂を望むかによる。

生まれ来る子供に、音楽や美的感性を望むなら、あなた自身がもっとそれを心に持つべきだ。他の芸術的なものでもよい。あるいは徹底して機械的な性格をお望みだろうか。それならば、機械のことを考え、機械いじりをすることだ。こんなことをしても意味はないなどと思ってはならない。心に強く思うことは、その機会をもたらすことになるのだから。

全ての母親は次のことを知らなくてはならない。

つまり母親が常日頃持っている精神的態度は、そのような（妊娠）期間に、それらの経路を通して地球に入ろうとする魂の性格に、大いに関係するということを。

また、このことは、聖書の中にも「あなたが私を愛し、私の戒めを守るなら、私はあなたを愛そう。あなたが他人にすることは、すなわち私にすることに等しい」という態度として示されてきた。これは奇妙に思えるだろうか。神の創造の計画に沿ってはいないだろうか。

これらの（妊娠）期間の態度は、この世に現れることを欲している魂の性格に、機会を与えるのである。

（2803―6）

できるだけ朗らかで、はつらつとした気分でいるようにしなさい。いつもユーモラスな側面を見るようにしなさい。どんな状況になっても、それを笑いなさい。

このような態度を取ることで、体内のさまざまな変化に対して、より良い環境を作ることに大きく貢献するからである。

この人の体に生じようとしている変化を通して現れるだろう魂の働きという点で、この人にとっても、他の人達にとっても、正しく用いるなら、より大きな祝福となるような影響力をこの人の経験にもたらすものだけに気持ちを向けるようにし、それ以外の状況や経験に気をとられないようにしなさい。

なぜなら、人たる者にとって、魂がこの物質世界を経験できるよう、そのための経路になることほど偉大な任務はないからである。

だから妊娠や出産を、安易な道であると思ってはならない。むしろ、全知にして慈悲深き万物の造り主が、あなたを経路として用い、あなたを通して、その愛が示されることを、喜んで求めるべきである。

（480―30）

妊娠中の気持ちの持ち方は、どのような魂がその転生の機会を選ぶかということに対して、大きな役割を果たすのです。地上の人生の中では、親になることほどに偉大な任務はありません。

誕生の準備――胎児と家族の関係、魂が入る時期

次のリーディングは、妊娠中の母が読むことを勧められる本について述べています。

問4　『神の探求』というテキスト以外に、私の霊的成長にとって望ましい本があれば教えてください。

答4　万巻の書に勝る書、すなわち聖書を読むことだ。特に申命記第三〇章と、サムエル記を読むとよい。

その際には特に、サムエルを生むことになるハンナの態度がどのようなものであったか、またその時の状態、状況がどのようなものであったかを、彼女の夫との関係において、また夫の他の妻との関係において、さらにはその時代に必要であった霊的目覚めという観点から読

んでみることだ。これこそ今日の世界、今日の地球に存在する状況にほかならない。
もしこの人が望むなら、ヨハネ福音書の一四章、一五章、一六章、一七章をじっくり読むことだ。そこに約束されているように、あなたは自分自身を、主と一つにすることができるだろうか。
これらのことが肉体の準備に関する学びと組み合わされるなら、主に仕えるということが義務ではなく、大いなる機会であるということがわかるようになるだろう。（457―10）

これから親になろうとする人たちに共通する質問に、次のようなものがあります。

問5　重要なのは両親が常日頃抱いている目的であって、受胎の瞬間の気持ちは特に関係がない、というのは正しいのでしょうか。

答5　この質問は肉体的側面からのみ妊娠を考えようとしている。妊娠は、その人が主御自身の者たちを地上に導くための経路となろうと欲するなら、そのようなものとは全く異なったものになる。

問6　両親の態度についてですが、受胎の瞬間の態度が大切なのでしょうか、それとも日々の継続的な態度が大切なのでしょうか。

答6　態度は、行為そのものと同じくらい必要な要素である。（457—11）

この答えはややあいまいですが、肉体的な受胎の瞬間の態度にあまりにこだわることを戒めているように思われます。

問21　子供の性別を何らかの自然な法則に従って、前もって決めることができるでしょうか。

答21　そのような男女の産み分けの可能性を高める方法について、示唆を与えることはできるが、しかし前もって性別を決めることはできない。覚えておきなさい。魂は神からくるのだ。（457—8）

問38　子供の性別は、精神的・霊的態度によって決まるのでしょうか。

答38　神の創造の諸力からもだ。

問39　では、男の子を欲しがっているカップルに女の子が生まれたり、女の子を欲しがっているカップルに男の子が生まれるのはどうしてでしょうか。

答39　それらが来たる源というものがある。源とは何であろうか。あなたは何を欲しているのだろうか。あなたはだれに仕えているのだろうか。これらのものは、自己の内において答えられなければならない。

（457―12）

問37　神によって選ばれた魂が性を決めるのでしょうか。それとも子供の性別は自然界の法則に支配されるのでしょうか。

答37　性は造り主からの賜物のごときものである。しかしもちろん、自然界の法則に従うものである。

（457―9）

問6　これから地球に生まれ出ようとしている魂は、その宿るべき自分の肉体の成長を左右するような仕方で、母親に影響しますか。

答6　そうではない。それはあたかも、原子が、それが引き寄せられるところの本体に影響を及ぼすと言っているようなものだ。この違いがわかるだろうか……。

問8　胎児は、肉体的な成長に関しては、その栄養をもらっている母親に全面的に依存するが、その胎児が抱くであろう目的、願望、希望は、その胎児に関わる全ての人たちの気持ちに影響され、それによって形成されると考えてよろしいのでしょうか。

答8　これはあなた方が提出した質問の中で、初めて正しく発せられた質問だ。その通りである！

問21　子供の体格や精神的能力を決定するといわれる松果腺は、受胎前あるいは受胎後の、どの時点の両親の願望や目的に左右されるのでしょうか。

（281―53）

答21　受胎前と、妊娠中と、その後である。この部分が、受胎後に最初に形成して伸びてくることについて、また、肉体の形態を造り出し、それを成長させる影響力となる正の力と負の力を生み出すバランスを（この部分が）形成することに関して、既に述べてきた説明をよく読むことだ。

（457―11）

問3　占星学的な影響は、受胎と誕生のどちらに出るのでしょうか。

答3　誕生である。

問4　占星学的な影響で、私たちは特定の月に生まれるようになるのでしょうか。

答4　必ずしもそうではない。覚えておきなさい。理想がそうであるように、すべての霊は一つの源からくる。何度も述べてきたように、一つの霊からすべての霊が与えられるのである。

それゆえ、心と体を準備し、しかる後に自らを経路として差し出すならば、希望と望みを成就するための機会を母親にもたらすような関係が必ずや与えられるだろう。かくして経路が準備される……。

問40　妊娠中にセックスをすると、胎児の身体的な成長や霊的成長に悪い影響を与えますか。

答40　妊娠三カ月を過ぎたら、そうだ。

問52　他にアドバイスがあればお願いします。

答52　大切なのは、その目的と理想であることを覚えておきなさい。その目的と理想をしっかり保つことだ！　（457—9）

答40を補足するようなリーディングが他にないか調べて見ましたが、これ以外には見つかりませんでした。

問6　魂が胎児に宿るのは、受胎の時なのでしょうか、それとも妊娠中あるいは誕生の時でしょうか。

答6　胎児が最初の呼吸をする時のこともあれば、誕生の数時間前ということもあるし、数時間後ということもある。これはその状況を取り巻く周囲の環境による。　（457—10）

問9　妊娠すると、たとえ流産して実際に生まれなかったとしても、その魂を成長させるものでしょうか。
答9　それはない。（3268―1）
問1　魂は生まれる前に、体に宿るのでしょうか。
答1　魂は、肉体として最初の呼吸をした時に入ることもあれば、物質世界に生まれて出て、最初の二十四時間以内に入ることもある。
いつも最初のひと呼吸で入るというわけではない。ときには数時間かかることもあるし、入ろうとしている魂自体が入れ替わることすらある。
問2　そうすると、魂が入るまでの間、何が肉体を生かしているのでしょうか。
答2　霊だ。
物質の霊も、その源は命、つまり神であるからだ。よろしいかな。（2390―2）
（右に引用した三つのリーディングは、中絶に関する論争に、ある視点を与えるかもしれません。）
問2　子供を生むときに重要なのは妊婦の体重でしょうか。それとも体の柔軟性の方でしょうか。

答2　体の柔軟性である。
したがって、この人がもっと準備しようと思うなら――これはそのような妊娠出産に備えるほとんどの人にもいえることだが――妊娠期間中を通して腕のいい整骨療法家《オステオパス》の治療を継続的に受けることだ。

カイロプラクターではなく、整骨療法家である。

問23　他にアドバイスがあればお願いします。

答23　覚えておきなさい。態度が主要な目的であり、喜んで経路となろうとすることである。ただ単に自分を満足させるためでも、また子供をもうけるためでもない。すべてキリストを通して現れる父なる神の栄光のためにである。

（457―8）

問28　昔の名前は、親の願いや目的をよく表していましたが、今の名前でも願いや目的を表せるものでしょうか。

答28　そのような事柄は不変である。それは名前に対して人が付与するものである。
名前が持つパワーはそのような意義や意図を与えた人の意識によって示されるものである。名前それ自体は何も持たない。ただそれに付与されたものが持つのである。よろしいかな。

問29　名前にどんな目的や意味が与えられたか、どうすればわかりますか

答29　それは、あなたが与えるものである！（457—11）

問2　どのような運動を、どの程度行えばよいのでしょうか。

答2　それはその人の日常生活での運動量によるし、運動を始めるときに、妊娠のどの段階にあるかによって異るべきものである。（2803—6）

育児の諸問題——老父母と養子、子供の死、障害児

次のリーディングは、養子をもらうことに関するものです。

問1　どうして私は子供を一人も持てないのでしょうか。

答1　今生ではそのように意図されていないからだ。

問2　私たち夫婦が養子をもらうことはよいことでしょうか。もしそうならどこへ行って子供を探せばよいでしょうか。

答2　そのようなことを世話してくれる団体だ。あなたの内なる促しにしたがって、そうした団体の歴史を調べなさい。

しかしぜひとも一人か二人を養子にもらうことだ。

問3　夫の母親は、自宅に一人で暮らすよりも、私たちと一緒に暮らす方が幸せでしょうか。

答3　養子をもらうなら、他の人を入れてはならない。養子をもらわないなら、母親と一緒に住むのもいい。われわれとしては子供の方を勧める。（371—2）

問4　今回の転生では、この子の血縁上の親は、彼に肉体という乗り物を提供するだけになることを、この子はあらかじめ知って生まれたのでしょうか。またこの子は［2998］と［3107］の養子になるということを、前もって知っていたのでしょうか。

答4　その通りである。

問5　そうなら、この子が私たちの養子になったということは、彼の自発的な選択だったのでしょうか、それともカルマの結果だったのでしょうか。

答5　自発的な選択である。（3346—1）

これと全く同じ質問が、この［3346］の子供のもう一人の養子の兄に関しても発せられ、それについて次のような答えが与えられました。

答3　個々人のそれではない。仲間に対する愛情という意味で、イエスである。（3340―1）

養子に行く子供は、養父母がどんな人であるか、必ずしも知らされるわけではありません。しかし、その人生でどのような環境を選択するか、その選択はちゃんと子供の側にもあるのです。

養子となった子供に、その事実を伝えるべきか否かに関して、次のようなアドバイスが与えられました。

問1　娘に対して、養女であることを告げるのはよいことでしょうか。

答1　……もしそうするなら、次のような考え方を基本とすることが大切である。すなわち、母親や父親と霊的なつながりがなければ、そこに生まれてこようとはしなかったであろうということ、そして養子に関しては、その選択は霊的なものであると同時に、現実的なものであるということである。（3673―1）

子供を死によって失うということは、人生の中で最もつらい経験の一つです。そのような出来事について、リーディングは次のように語っています。

問4　私の亡くなった子供は、私と霊的にどのようなつながりを持っているのでしょうか。どうしてあの子は私の人生にやってきたのでしょうか。（生後五日で亡くなった三番目の子供について。）

答4　あなたが全体に対して持っている関係を、霊と精神と真理において確実に知るようになるためである。

その魂が、自分自身を表現するために物質世界に入り、活動を協同一致させようとしたように、あなた方それぞれが、あの理解を超えた愛を確信し、また、主の道はいまも見つけられることを知って平安を得るには、その経験が必要だったのである。物質的な心には、このようなことはしばしば誤解されるが、霊的な心は互いを証しするのである。

過去生での関係について言えば、あなた方は非常に親しい関係にあったことがわかる。エジプトでの過去生で姉と弟の関係であった。

（1648—2）

身体的な障害を持った子供を持つことも、辛く苦しい経験です。

次のリーディングは、ダウン症の子供に関するものです。

われわれが見るところ、このケースを心理学的および病理学的に研究するなら、このような子供が生まれる過程について、示唆に富む知見が得られるはずである。

このような症例を研究することは、心理学者ならびに精神分析家にとっても有益なものとなるだろう。

われわれが見るところ、この肉体に関して病理学的に施されるものはほとんどない。確かにこの物質世界での、この実体の生を延命する方法を与えることはできるだろうが、しかし真実は、何にもまして処罰のようなものになるだろう。

それゆえ、思いやりと愛と補助に徹することだ。この人がより安楽になるように、快適になるように、その肉体の世話をすることだ。

行うべきことは、この実体にとって助けとなることを実践することであり、そうすることで、この物質世界を去った後に、異った環境、別の肉体に再び入るための理由や、目的が与えられる。

われわれは忍耐と親切、そして［3802］と呼ばれている実体の肉体を安楽にするようなもの以外は与えない。

質問をどうぞ。

問1　この症状の原因は何でしょうか

答1　この状態については、この症状に対して何かを為せる人たちの研究に待つことにして、それまではこのままにしておくのが最善である。先ほど述べたことを除いては、現段階でできることはほとんどない。

問2　今、子供を預けているところに、そのまま預けておいてよろしいでしょうか。

答2　彼は今介護を受けているが、単に肉体に向けられるものではなく、介護のもっと多くの部分が、心と体に向けられるなら、この実体にとってより望ましいだろう。

肉体に対する治療に改善がなければ、この肉体はそれ程遠くない将来において、この世を去るだろう。

問3　この両親が、これから子供をもうけるのは安全でしょうか。

答3　それについては、この両親が子供を欲するようになった時点で与えられるのが最善である。もちろん、この両親がそのような事柄に対して、精神的にも霊的にも準備するなら、安全なものとなるだろう。

（3802―2）

リーディングは時折、子供が寝入るときに暗示を与えて、さまざまな問題を克服させることを親に勧めましたが、知恵遅れの子供に対してもこれが勧められました。

その子供が寝入る時に、両親が、つまり父親と母親の二人が一緒になって、この子供に暗示を与えるのである……。あなた方自身の悩みは造り主に預けおき、この成長過程にある子供の内なる神性に届くように暗示を与えることだ。

まず出エジプト記19章5節を読んで、自分自身を準備することから始めよ。そこに語られている言葉は、親たるあなた方一人一人に語られる言葉である。次に、出エジプト記20章を読む。特に最初の一八節までに与えられる戒めを熟読することだ。これらの戒めを文字通りに守るだけでなく、霊的な意味において自分自身に適用することだ。

次には申命記30章を読み、そこに語られている戒めを自分に当てはめる。

そうすることで、両親が自らを準備する上で必要な基礎、目的、理想が得られ、子供に対して必要な暗示を与えられるようになるだろう。これを実行せよ。

（5022―1）

人は時として、子供時代のある種の体験について、生涯にわたって根深い恨みを抱くことがあります。

次に引用するリーディングは、不幸な子供時代を送った人に対するものです。

問6　私はどうして幼い時期に、両親から引き離されたのでしょうか。

答6　これらの体験は、いくつかの（前世を含めた）人間関係を比較検討することで、最もよく理解される。なぜなら、そこにはある状況が——肉体的なものではなく、特に、魂の経験にとっての状況が——あるからだ。

というのも、物質界に入ってくる選択は魂がしているのであり、予見をもとに選択しているからだ——それゆえ、経路（＝両親）は、（あなたを生み出すという）経路としての働きを除いて、あなたの成長あるいは退化にはほとんど関与していない。なぜなら魂にとっては「わたしの母とはだれか。わたしの兄弟とはだれか。父なる神の御心を行う人である！」[8]という言葉通りであるからだ。（2301-1）

問2　私はどうして不幸な子供時代を経験しなければならなかったのでしょうか。

答2　幸福とは意識の状態のことである。幸福は自己の内に見出されるものだ。

あなたは自分自身を見出していなかった。また、この物質世界に現れる創造の諸力と自分の関係についても見出していなかった。（2982—1）

問9　この人が幸福な結婚生活を送れないのは、どの程度、子供時代の家庭環境に原因があるのでしょうか。

答9　この人がその影響を受けるのを容認する、その程度に応じて影響を受ける。
あなたが子供の時には、子供として考えた。しかし成人したならば、子供じみた考え方をやめるべきだし、そのことで他人を責めることもよくない。なぜなら、魂はだれも心と体と魂を備えた一個の実体であるからだ。
（4083―1）

次のリーディングは子育ての過程で現れるさまざまな側面を描いています。

問2　この子供（二歳の娘）が地球にやって来た目的を果たせるようにするには、母親としてどう育てれば良いでしょうか。

答2　肉体と精神が健全に成長するよう、可能な限り望ましい環境を提供することである。
肉体的にも精神的にもバランスよく成長できるよう、あなたの行動と手本の両方によって、適切な環境を作ることである。
（396―1）

子供の成育環境に責任を有する人は、その子供の成長にとって望ましい環境を用意する必要があります。

青少年を指導するには、子供と大人とで異なる基準を設けてはなりません。その指導原理が子供と大人とで一貫していることが重要です。

若い時期に学んだことは、成人してからもずっと身についています。

問4　息子が健康で幸福な人生を送れるようにするには、私には何ができますか。

答4　周囲の環境が彼にとって、建設的な力となるような環境を作ることである。

彼が建設的なものの影響を受けられる年齢にあるうちに、彼を主の道にしつけなさい。そうすれば、成人してからも主の道から離れることはないだろうし、彼はあなたを祝福された者と呼ぶだろう。子供にまねして欲しくないことは、あなたも決してしてはならない。子供の口から出て欲しくない言葉は、あなた自身が口にしてはならない。

（1551―2）

すべての親に告げる。

汝の子や孫が神によって奉仕に召し出されるよう、毎日というわけにはいかないとしても、汝の人生を捧げよ――神の栄光と汝の名の誉れのために！

（1010―17）

問6　よい母親になるために、私はどのように準備したら良いでしょうか。

答6　母親として理想の活動、理想の関係となり得るところのものを実現するよう——心と体と目的において——そのように行動することだ。　（1968—2）

問26　自分の子孫に霊的目的を伝えられなかったサムエルやイサクなどの人物の、最初の失敗はどこにあったのでしょうか。[9]

答26（質問をさえぎりながら）失敗ではない。これも個々人に対する神の目的に完全に沿っているのだ。人は、神が人間の時間尺度で動いていると思っているが、神は、ご自身の時間をお持ちだ。

問27　それはサムエルやイサクを最初に身ごもった時点で決まったことなのでしょうか。それとも後の成長過程で決まってきたのでしょうか。

答27　聖書にもあるように、これらの人物は、主なる神に捧げられたのである。

神の時間は人間の時間とは異なる。このことはイサクの誕生にも、またサムエルの誕生にもいえる。サムエルが誕生した後も、生物学的な意味ではハンナの人生にはほとんど何の変化もなかった。

これは純粋に肉体的な状態であった。しかし神に捧げ、それらを神に約束したために――神の人間に対する約束が、神ご自身の時間に従って――成就されたのである。イサクやサムエル同様、これと同じことがサムソンにもいえる。

（457―11）

右のリーディングは、子供の成功や失敗を心配する親にとって安心材料になります。というのも、成功や失敗の責任は両親の側にだけあるのではなく、神の時にかなうかどうかにもよるからです。

問2　私たちは霊的成長について、子供たちに教えるべきでしょうか。それとも、私たちが身をもって、その手本を示せばよいのでしょうか。

答2　教えと手本の両方が必要だ。もっとその準備が必要になる。というのも、今日においては、若者の精神は霊的な事柄より物質的な事柄に関して訓練されているからである。あなたが訓練するときは、言うことと現実の生き方とが別物にならないようにせよ！

（254―87）

問9　子供たちが家庭生活を楽しみ、幸福を感じられるようにするために、私は何をすれば良いでしょうか。

答9　子供たちが誇りに思うような家庭を作ることである。　（1965—1）

母親らしさを養ううえで、どの国でも人形が役立って来たが、このことを考察した人はほとんどいない。

成長過程のどの時期であろうと、人形に親しんできた子供たち——特に少女——は、子供時代に人形遊びを一度もしたことがない人々にはとてもまねのできない家庭を築くものである。　（1436—4）

問4　私の十歳の娘はいつも座りがちで、立つと姿勢が悪くなることがあります。これを矯正するには何が最善ですか。

答4　矯正しようなどとしないことだ。姿勢をその子の欠点だと決め付けるのではなく、身をもって示すことだ。

その子が手本にしたいと思う人たち、その子がなりたいと思うような人たちの姿を示すこと。

欠点を指摘し続けてはならない！

そんなことをしていると、その子の心に反抗心が生まれ、あとあと克服しがたい状態を作り出してしまう。

（608―10）

われわれの見るところ、成長期にあるこの子（四歳の女の子）を健全に育成することに関して、多くのことが言える。

あなたは今、ある魂がこのように肉体をもって現れることを助けているわけであるが、「人は蒔いたものを刈り取る」という法則を覚えておきなさい。

それ故、成長期にあるその子にとって、さまざまな経験が、希望に溢れたもの、役に立つようなものになるようにしなさい。成長期にあるその子を甘やかすということではなく、命の与え主である主の栄光と誉れと賛美において、そうするのである。

善をなすこと、親切であること、同胞に対して忍耐強くあること、これらの内に見出せる希望と信仰を表明する機会が、すべての魂に与えられているのである。

（795―4）

次に引用するリーディングは親との関係について述べています。

問7　どうすれば、母親をもっと助けることができますか。

答7　これらの事柄は、一人一人の個性が違うために、問題になったり困惑の種になるのである。しかし結局は、あなたの内にある理想をあなた自身が生きること、あなた自身が理想そのものになること、これが人が他の人に対してできる最大の助けになる。なぜなら、あなたは他の人に代わって人生を生きることはできないのだし、他の人に代わって考えることもできないからだ。

（2369―1）

問10　母に対して、また母が私のためにいろいろしてくれることに対して、私はどのような態度をとるのが良いのでしょうか。

答10　それについてはすでに多くを語った。そこには義務と恩義もあれば、特権もある。義務とは自分に対するものであり、機会や特権とは、あなたの為にしてくれる努力に対して、感謝を示すことである。母の愛は、人間の経験の中で最も神の創造的諸力に近いものを人に示すものなれば、（母親に対する態度は）義務や恩義としてではなく、感謝を表す機会とせよ！

（1094―1）

自分と親との関係は、自分自身が霊的に成熟することで、最善の関係が作られます。
人が親に対して持つ最大の機会は、親が私たちのためにしてくれる「ささいな、記憶に残らないような親切と愛の行為」に対して感謝を示すことです。私たちはその機会をどれほどないがしろにしてきたことでしょう！

最後に、親としての真のあり方を述べた次のリーディングから、私たちはだれもが親になり得ることがわかります。

あなたの父とはだれであるか、母とはだれであるか？　父なる神についてもっとよく学び、もっとよく知ることができるよう、あなたの人生の中で必要なことをしてくれる人たち、それがあなたの父であり、母である。

（1436―3）

訳　注

(1) サムエル記上1章～3章参照。
(2) 創世記2章7節参照。
(3) 創世記5章18節～24節参照。
(4) 創世記14章17節～20節参照。
(5) ルカ福音書2章51節参照。
(6) 別のリーディングによれば、イエスを地上に降誕させるにあたって、その候補として十二人の乙女が選ばれた。

(7) ルカ福音書1章26節～56節参照。

(8) マタイ福音書12章48節～50節参照。

(9) サムエルもイサクも旧約聖書に出てくる人物で、リーディング（281—48）等によると、子供をもうけるときの彼らの親、あるいは彼ら自身の霊的な準備が不十分であったために、子孫が霊的目的から逸脱するようになったという。

5章　独身者へのアドバイス

――私は結婚できるでしょうか

問7　私が求めているような愛の体験は、どのようにすれば実現できるでしょうか。

答7　愛にあふれた人生を生きる、その結果としなさい。それ以外の方法や手段で求めてはならない。

（1058―5）

もちろん、すべての人が結婚しているわけではありません。ふさわしい相手を探し求めている人もいれば、何らかの理由で結婚しない人もいます。あるいは、その関係が長期であれ短期であれ、結婚という制度から外れたところで親密な男女関係を求める人たちもいます。

この種の質問に対するリーディングの答えには、常に次のような根本原理が貫かれていることがわかります。

つまり、「自己の内に答えを見出すべき事柄に関して、魔法のような御神託を求めてはならない。なぜなら、自らの責任において為した選択こそが堅固な土台を作り、その土台の上に、人は魂の成長を築くことができるからである」ということです。

次のリーディングは、この原理をよく表しています。

問12　一緒になって私が最も幸せになれる人は誰か、探してもらえますか。

答12　これはあなた自身で選択しなければならない。

人と人が出会うとき、そこには互いに最善のものをもたらすような関係や交わりもあれば、二人が努力して克服しなければならないカルマ的な影響が存在することもある……。

今回の人生において、あなたが理想にしたいと願うような活動のいくつかと調和できるような人を選ぶことだ。（520—3）

これまでの各章で見てきたように、二人の理想が調和できるということが何よりも肝要です。

問1　今婚約している女性と結婚しても大丈夫でしょうか。

答１　われわれの見るところ、二人の理想が一致するなら、結婚を受け入れるだけの価値ある経験にすることができるだろう。（1861―2）

次のリーディングは、「理想」についてユーモアを交えてさらに掘り下げ、結婚の時期についてアドバイスしています。

問11　今の時点で結婚することは望ましいことでしょうか。
答11　あなたが正しい人を見つけたなら、いつでも望ましい！
それは、そのような関係を求めている人々の目的がどれほど結びついているかに依存する。友人関係における理想が霊的目的に基づかなければならないのと同じように、夫婦関係における理想も霊的目的に基づかなければならない。
夫婦関係の場合は、しかしながら、その理想は霊的なだけでなく、精神的なものである必要がある。なぜなら、女性は簡単に心を変えてしまうからだ！（622―7）

「目的の結びつき」の程度が、夫婦としての適性を決めますが、二人の理想が、霊的にも精神的にも一致しなければならないというのは、わずかな隙もないほど心が同じでなければならないということではありません。

問9　私は結婚することになっていますか。

答9　もちろん、結婚すべきだ。少なくとも二回は！

問10　私は子供を何人持つことになっていますか。

答10　これはあなたの側でなく、むしろ配偶者による……。必ずしも一致することが多いからということではなく、むしろ互いの理想や考え方が、互いに補い合うような関係になる人を選ぶことだ。

（2285―1）

ここでいう理想とは、人生の付録のようなものでも、重荷のようなものでもなく、それに向かって努力するところの、自己存在の根源から求める目標です。

自分が何になりたいのかを知り、実現したいと思うことに精進することでのみ、人は成長することができるのです。「善を行うこと」と「幸福であること」は、ついには一致するようになります。

仕事か結婚か――あなたは何を求めているか

仕事か家庭のどちらを取るべきかを尋ねたある女性に対して、リーディングは次のように答えました。

　これまでも述べてきたように、仕事を選ぶこともできるし、家庭を選ぶこともできる。仕事の方があなたを幸福にするなら仕事を選べばよいし、家庭の方があなたを幸福にするなら家庭を選べばよい。初めから言ってきたように、あなたの心が何を望んでいるか、よく確かめることだ。

　あなたが理想とするものは何であるか。それがわかったなら、いずれか選んで、それに向かって努力せよ！　それが決まれば、他に何を探す必要があるだろうか。（349―8）

時には結婚を避けるべき理由が指摘されることもありました。

問6　私は独身のままで、幸せでいられるでしょうか。
答6　この人はほとんどの場合、自分一人で充分満足している！　義務が生じると、気持ちがいらだってくる。
問7　［1947］と結婚することは良いことでしょうか。
答7　理想が変わらない限り、だめだ。（2080―1）
問7　私と同じようなことに興味を持つふさわしい男性と交際することもなく、私はずっと独身を通すべきなのでしょうか。
答7　その選択は自分で行わなければならない。
あなたは強情な人だ。だから相手がどんな男性でも、一緒に暮らすのはなかなか大変だ。これは、あなた自身に男としての過去生がかなりあるからだ。とにかく自分自身で選択することだ。（3486―1）

これはケイシー・リーディングの難しさであり魅力でもあるのですが、リーディングからある種の結論を導き出すことが困難な場合があります。たとえば、妻は夫の意見に従うべきであると主張するリーディングはあるのでしょうか。

結婚すべきか、仕事を始めるべきか、誰と結婚すべきか、こういった典型的な質問に対して、リーディングはほとんどの場合、その選択は本人がすべきだと答えました。

問3　人生のパートナーとして、○○は信頼できる伴侶となりますか。

答3　いつも言っていることだが、それについては自分で選択しなければならない。こちらからは与えられない。

あなた方の関係は心が惹かれ合っているだけ、体が惹かれ合っているだけになっていないか。魂が魂に応え、目的が目的に応える関係になっているだろうか。共通の理想があるだろうか。もしなければ、そのときは用心した方がいい。

（361―16）

次のリーディングは、前のリーディングで結婚に関してかなり具体的なアドバイスが与えられ、しかも、そこには選択の自由があると言われ、混乱している女性に対するものです。

この人の内に形成されてきた願望という観点から見て、これまで幾度にもわたって、経験を

重ねるごとに与えられてきた多くの事柄に対して、今回のアドバイスはどのように両立するのだろうか？

これまでも述べてきたことだが、知識は良い――そしてその原則は、その人の活動が、霊的願望に基づくものか、肉体的願望に基づくものか、その人の精神性、精神的態度を基準にする。名誉や財産、地位、名声などを求める利己的な関心を満足させるものであれば、それらの願望は肉体的なものである。それらの願望が霊的属性を養うものであり、その意志が霊的影響力を形成する方向にあるなら、それらは霊的成長――その人の魂と精神を成長させるものとなる。

自分が善を選択したのか悪を選択したのか判断に迷うなら、次のように問うてみよ。「求めた関係によって満足される願望は何であるか」と。その答えが自己を増大させ、自己の肉体的な願望を増長させるものなら、それは肉に属するものであり、物質に属するものである。

これまで活動を促し、そして今も活動を促している霊的影響力を表すための経路として、自らを創造するものであるなら、それは霊的なものだといえる。

選択に関していえば、これらは常に自己の内において為さなければならない。なぜなら、人間から、人間の魂から自由意志と願望（これは意志の属性であり、意志の表われである）を取り去ったなら、人はロボットのごときもの、動物のごときもの、物質世界で動物活動を行う霊のごときものになってしまう。つまり自己を持たない存在になってしまう。

むしろ、物質性ではなく霊性において、自己を離れた行動を求め、それを自己の活動において表すようにせよ。（349―17）

何事かの決定を下すには、心と魂のレベルで為してきたことが土台になります。特定の状況で何を選択すればよいかわからないようなときは――たとえば配偶者の選択に迷っているような場合――その選択によってどのような願望が満足されるかを調べてみると良いでしょう。選択は人間の本質的な能力であり、自由意志を持たなければ人間たり得なくなります。しかしその自由意志も、物質的な観点からではなく、霊性という観点から、利己的でない形で行使することが求められます。

決定を下す場合、次のようにすると良いでしょう。

自分自身の心の中で祈り、瞑想し、これかあれかのどちらを選ぶのが正しいのか決めなさい。そしてそのことに関して祈り、しばらくはそのままそっとして置く。すると突然、イエスかノーでその答えがやって来るはずだ。

その答えを得たら、それを携えて主に向かって「私に道をお示しください」と祈りなさい。す

るとまた、イエスかノーのいずれかがあなたの心の奥深くから現れて、あなたを導いてくれるだろう。
（3250―1）

結婚に必要なこと――創造的な目的の一致があるか

結婚を望んでいる人に対して、非常に重要なアドバイスが、言葉をかえて何度も繰り返し与えられました。

問4　結婚相手としてふさわしい女性を見つけるには、私は何をしたらいいのでしょうか。

答4　思いやりのある人、理想的な人を伴侶にするにふさわしい人間になれるよう、自分の行動、生き方を高めることである。そうすれば、そのような相手が現れるだろう。
（5420―1）

問1　私が結婚すべき男性は今どこにいますか。どうすれば私はその人に会えますか。

答1　これは、日々の生活で、人と交際することの自然な結果とすべきである。

家庭を作る上での役割を充分果たせるほど、あなたの心と体の準備が整ったなら、その人は現れるだろう。　（951—4）

何かが起こるのをじっと座って待っているだけではいけない。

現在のこの実体は、いろいろな才能や機会に恵まれている。しかし、自分の霊的本性、創造的本性にかなう目的に応えるような選択がなされない限り、調和や希望は得られない。

なぜなら、家庭は、この実体にとって最高の望みとなるべきであり、また、もっと完全で、もっと調和のとれた理解がもたらされるための経路とすべきであるからだ。

しかし、それには、目的が多少なりとも一致する伴侶がいてのみ可能であることを知らなければならない。互いに相手の目的や理想についての関心を失ってはならない。

なぜなら、妻の祈りが夫を救うように、それ以上に、夫の祈りは妻を助けるからだ。それは互いが相手を補うように生き、貢献し、そのような存在となることによって得られる……。

問1　私が望んでいるような家庭を手に入れるには、どのような手順を踏めばよいのでしょうか。

答1　そのような家庭を持つに値するよう、体も心もその目的に向けて生きることだ。そして主を信頼し、委ねるなら、主がそれをあなたに下さるだろう。

もしあなたが人に委ねているとしたら、あなたは貧弱なものに委ねていることになる……。

問3　どうすれば私が望むような男性を見つけられますか。

答3　むしろ、あなたがふさわしい伴侶となれる男性を探すことだ！　もしあなたが自分のことしか考えていないとしたら、考え方が間違っている。

（3655―1）

「類は友を呼ぶ」ということですから、私たちは自分自身が愛に値する人間になれるよう、努力しなければなりません。

目的を持って生きることが、どの人にとっても最終的には最良のものをもたらすことになります。物質的な期待から結婚を考えるのではなく、同じような意識を持った人と一緒によりよい家庭を作り、相手にとってベストな伴侶になろうという気持ちがなければなりません。

結婚と家庭生活は、互いが助け合い、その目的と理想を分かち合うとき、成長のためのまたとない機会になります。

伴侶を求めながら主に仕える人には、次のリーディングを得た人がそうであったように、希望と保証があります。

問2　私は、再婚するのにふさわしい人が現れるような気がするのですが、どうしてでしょうか。
答2　多分いるだろう。
あなたが主の道を求めるなら、主があなたの道と知恵を導かれ、それによってあなたの手を求める人が多く現れるだろう。
（1183―1）

結婚に対する準備ができたかどうかは、外的な条件によるものではなく、二人の間の理解の質によります。結婚の目的が同じようなものになっているか、等しくなければなりません。つまり、結婚は「五分五分の責任を有する事業」なのです。

問5　私は結婚すべきでしょうか。すべきなら何歳の時でしょうか。
答5　互いによりよく理解し合える相手、完全に理解し合える相手が見つかったなら、その時に結婚することだ。
都合がいいからとか、周囲の意見でするのではなく、五分五分の事業として結婚することだ。
（2002―1）

このリーディングは、相互の理解と合意、それに約束の履行という、結婚に存在する「契約的」

な性質を示しています。

問6　再婚を考えているのですが、精神的にも実際的な意味においても、前回の結婚での教訓を私は充分学んだでしょうか。私自身にとっても、また妻になる人にとっても、それぞれの成長の支障にならないところまで学んだでしょうか。

答6　これはパートナーとなる人がどのような人かを考慮に入れなければならない。われわれが見るところ、互いの役割について合意し、その役割を果たすように生きるなら可能である。

（815―5）

結婚を考えるにあたっては、次の点を考慮しなければなりません。

その結婚に対する願望は、単に生物的な欲求や、一時的な精神状態から来ていないだろうか。二人の考え方や活動、願望が互いに補い合うものとなっているだろうか。その答えを自己の内に求めよ。

（440―20）

これら二人の男女の関係が、霊に促されて、共に協力して、生ける神へ奉仕することを求めるものになっているだろうか。それとも二人の関係は物質的な願望に促されるものになっていないだろうか。それを見極める必要がある。

（1173―11）

すべての女性は、次の点を最も大切なものとしなければならない。

すなわち、自分の子供の父親として持ちたい人を、自らの夫に選ぶこと。そして、仕事や地位といったものより、創造的な力の下で、共に調和していける状況こそ最優先にすべきだ。

（349―3）

結婚するにあたっての経済的な準備については、次のようなアドバイスがあります。

問17　来年か再来年に結婚するのは望ましいことでしょうか。それとも、私が経済的に自立できるまで待つほうがよいのでしょうか。

答17　あなたが経済的に自立するのを待っていたら、あなたは老人になってしまう！

経済的な問題は二人で取り組んで克服することだ……。

その方が、二人にとっても、また周りの人々にとっても、経済的に、物質的に、より望ましいものとなるだろう。

（391―7）

次のリーディングは、結婚することを望んでいる独身者に対するものです。

問1　どうして私は結婚できないのでしょうか。結婚して家庭を持つということが、私にとって大きな意味を持つようになってきたのです。私は今回の人生で結婚して家庭を持てるでしょうか。

答1　それはあなた次第である。あなたはこれまでそのような機会を拒んできた。そのような結婚と家庭に対する気持ちが、突如としてあなたの内面の一部を形成するようになったのは、あなたの中に潜在していたその気持ちを、表面に引き出すような人間関係から来ている。それはあなた自身が決めることであって、こちらの側からアドバイスすべきものではない。

（1298—3）

問5　この五年間、男性との接触がまったくないのは、どうしてでしょうか。

答5　この地上におけるあなたの目的の基礎をなしてきたもの、そして今なお基礎となっているものに対する試験期間としてである。

（369—16）

独身であることの意味――人生に善を実現すること

場合によっては、結婚するよりもしない方が望ましいことがあります。

この世においてキリストの御霊を反映するような結婚であるためには、目的の一致がなければなりません。

そのため、いくつかの生涯においては、完全な愛を実現し、自分を与え尽くすには、独身を通すことで目的を純粋に保つことがどうしても必要なことがあるでしょう。

問４　私は結婚すべきでしょうか。もしそうなら、いつですか。
答４　結婚することはよい。しかし、結婚しないことの方がより望ましい人生があるのも確かだ。
あなたはこれまで多くのものを同胞に与えてきた。また、これからも多くを与え続けられる人だ。
結婚生活にあっても、目的を一つにすることが必要だ。これらを分けることはできない。

不倫に関する質問に対しても、リーディングは悩める人に対して理解を示しています。しかしそれと同時に、私たちは誰もがキリストを愛するという招きを永遠に受けていることを教え、望ましい心のあり方をはっきりと示しています。

（938―1）

問3　私はどうすれば彼との関係にピリオドを打ち、彼のことを忘れ、自分自身を立て直して幸福になれるでしょうか。

答3　誰かのために何かをすることだ！

自分の願望を満足させるためでも、自分の肉体的な願望に応じるためでもない。あなたが関係をほとんど壊してしまった人物との関係を回復することだ。そこにおいてあなたは助けと力を見出すことだろう。あなたがそれをやり抜きさえするなら！

「私もあなたを裁かない。これからは罪を作るなかれ」[1]といわれた主の力と強さを信頼しなさい。主の力のみが、今のあなたの関係にあって、あなたを消耗させている不純な願望から、あなたを遠ざけてくれるだろう。

（2960―1）

問10　いま悩んでいる二つの恋愛について、どのように対処するのが最善なのでしょうか。

答10　これについては自分で答えを見出せるはずだ。それぞれの男性が言うことをただ聞くだけではない。まず、すべての状況を平等に分析してみることだ。

自分のことを考えるのではなく、内なる意識の促しに耳を傾けること。そうしたら、この件に関して祈ってみる。神という創造力をあなたのパートナーとして招き入れる。そうして、その答えがあなたの内から現れるようにするのだ。（971―1）

内なる光――決して人を裁かず、常に新しい生に招いてくれる光――に向き直ることで、「秘めたる情事」に対する力と救いを見出すことができるのです。

もし、そのような関係が建設的であり、またあなた自身にとって、肉体的、精神的、霊的に創造的なものであるなら、それを愛の祭壇に捧げることを恐れてはならない。なぜなら、主はあなたの心を知り給う方であり、「求めよ、そうすればあなたは受け取るであろう」と語られる方であるからだ。（954―5）

私たちは、人生のどの瞬間にも、善悪のいずれかを選択しています。そして人生は、私たち自身が心と行為において為した選択の総計となります。

私たちは魂から現れる促しに対して、それに沿うかあるいは反する選択を精神のレベルで行うのです。

問９　彼は良き扶養者、良き夫、良き父親になりますか。

答９　それは本人の内にあることだ！　彼にはなれる力量がある！　しかし、実際にそうなるかどうかは、まったく別なことだ！

聖書に「今日、あなたの前に善と悪が置かれる。選ぶのはあなただ」[2]とある通りだ。この人は、特異な精神で求めてきたあの状態を選ぶべきだ……。

この実体はまず肉体と精神体と霊体の関係を理解する必要がある。なぜなら、良きものを良きものにする力も、良きものを悪しきものに変える力も、精神こそがその関係だからだ。霊的観点からすれば、すべては良いものである。個々人がその精神によって適用するとき、それが物質界に現れるとき、それは悪いものとなるか、良いものとなるのである。

（520―1）

これらの二つのリーディングは、だれもが持っている途方もなく大きな可能性は、その可能性を私達の人生に善を実現することに積極的に使うか否かによってのみ制限されることを教えています。結婚相手を探す場合も、最初から理想的な相手がいるわけではなく、それぞれが成長することで、相手にとって理想的な伴侶になり得るだけであるということを理解することが必要です。

問7　この女性は、こちらの男性が実りある人生を送る上で、最も適した人でしょうか。

答7　互いにとって、そのようなものとすることはできるだろう。遥か昔から互いに伴侶となることで、あらかじめ運命的に定まっていない限り、最初からぴったり合う相手など、一人もいない。

（257―15）

訳注

(1) ヨハネ福音書8章11節参照。

(2) 申命記30章19節参照。

訳者あとがき

本書は、結婚と家庭生活のガイドブックとして、長年ケイシーを研究してきたレイチェル・ランネルズの手によって編纂された「Marriage and the Home」（ARE Press）の全訳です。

私が本書の翻訳を引き受けたのは、ちょうど十年前のことになります。結婚を間近に控えていた私にとって、結婚と家庭に関するケイシーの書籍を翻訳することは、自分自身の結婚生活を充実させ、幸福で創造的な家庭生活を築く上できっと有益な示唆を与えてくれるに違いない。自分にとってもグッドタイミングな翻訳だ――そのような意気込みで翻訳に取りかかったのを覚えています。

当時は他にもエドガー・ケイシーの主著の翻訳を手がけておりましたので、本書の翻訳を集中的にこなすことはできませんでしたが、そのためかえって、私自身の家庭生活の進展に歩調を合わせるように、少しずつ、翻訳を育んで行くことができました。またそれと同時に、私たち自身の家庭生活が、エドガー・ケイシーのアドバイスの有用性を実証する場になってきたように思います。

妻の妊娠・出産にもケイシー・リーディングは大きな助けになりました。子育てにおいてもケイシーのアドバイスは拠り所になっています。家庭生活のさまざまな側面で、ケイシーのリーディングはわれわれの知恵袋のような存在になってきました。

本書は、結婚と家庭生活に関するケイシーのアドバイスの中でも、特にその精神的・霊的意義に重点が置かれています。「結婚は霊的成長のための貴重な機会であり、夫婦の霊的理想を一致させ、家庭生活を通して霊的に成長しなさい」これがケイシーの一貫したアドバイスですが、ややもすると私たちは日々の生活に流され、気がつくと夫婦生活のあちこちに不調和の芽が育ち始めている、そんなことになりがちです。家庭生活の霊的意義を忘れがちな私たちにとって、本書は有益なアドバイスの源泉になってくれるはずです。そういった意味でも、本書を繰り返し、あるいは必要に応じて何度も読み返してみてください。きっと読み返す度に、家庭生活の質を向上させるヒントが得られることと思います。

良き伴侶を求める人たちにとって本書が何らかの良き道しるべになりますことを、また、既婚者にとっては、本書に述べられているアドバイスが家庭生活をなお一層充実させ、結婚生活の質を高めることに役立ちますことを心より願っております。

私自身の結婚生活も今年で十年目を迎えます。図らずもこの節目の年に本書を上梓することになったことに、深い感慨を覚えざるを得ません。私がこうしてエドガー・ケイシーの研究に打ち込んでこれたのも、妻の支えと理解あればこそであり、私の人生を豊かで充実せしめ、愛することの喜びと神秘を与え続けてくれる妻に対して、本書の翻訳は私からの最高のプレゼントになりました。

最後になりましたが、本書の翻訳を引き受けてから十年もの間、難解なリーディングを前にギブアップしそうになる訳者を励まし続け、出版まで導いてくださった、たま出版の韮澤潤一郎社長に心より感謝申し上げます。

なお、エドガー・ケイシーに関しては左記のＮＰＯ法人日本エドガー・ケイシーセンターが米国のエドガー・ケイシー財団の認可を受けて普及啓蒙活動を行っております。当会の活動について詳しくお知りになりたい方は、お気軽にお問い合わせください。

ＮＰＯ法人日本エドガー・ケイシーセンター
151−0053　東京都渋谷区代々木５−25−20−３Ｆ
ＴＥＬ：03−３４６５−３２８５
ＦＡＸ：03−３４６５−３２６３
ＨＰ：http://eccj.ne.jp/

〈著者紹介〉

レイチェル・ランネルズ

ミシガン大学卒業。日本文化に関心を持ち、学生時代に2年間日本語を学ぶ。牧師であった夫との間に一男二女をもうけ、子育てをしながらAREでケイシーの研究に打ち込み、その成果として本書を著す。ケイシーの研究が認められ、5年間AREの理事を務める。その後イリノイ州で法学を学び、弁護士となる。現在は引退した夫と共にアーカンソー州に住む。

〈訳者紹介〉

光田 秀（みつだ しげる）

昭和33年、広島県生まれ。京都大学工学部卒。同大学院修了後、政府研究機関にて4年間勤務。以後ケイシーを中心に、霊的哲理の研究・翻訳・執筆に専心。現在、日本エドガー・ケイシーセンター会長。

エドガー・ケイシーが示す　愛と結婚の法則

2006年7月3日　初版第1刷発行
2007年9月10日　初版第2刷発行

著　者　レイチェル・ランネルズ
訳　者　光田 秀
発行者　韮澤 潤一郎
発行所　株式会社 たま出版
〒160-0004　東京都新宿区四谷4-28-20
☎03-5369-3051（代表）
http://tamabook.com
振替　00130-5-94804

印刷所　図書印刷株式会社

ISBN978-4-8127-0189-8 C0011